汉英对照

汉语量词学习手册
Chinese Measure Words without Tears

编者　褚佩如　Chu Peiru
　　　金乃逯　Jin Nailu
译者　刘　莉　Liu Li
　　　吕新莉　Lu Xinli

北京大学出版社
·北京·

图书在版编目(CIP)数据

汉语量词学习手册/褚佩如,金乃逯编;刘莉,吕新莉英译.—北京:北京大学出版社,2002.10
(汉语学习手边册丛书)
ISBN 978-7-301-05747-6

Ⅰ.汉… Ⅱ.①褚…②金…③刘…④吕… Ⅲ.汉语-数量词-手册-汉、英 Ⅳ.H146.2 - 62

中国版本图书馆 CIP 数据核字(2002)第 043881 号

书　　　名：	汉英对照·汉语量词学习手册
著作责任者：	褚佩如　金乃逯　编
责 任 编 辑：	丁安琪　郭　力
标 准 书 号：	ISBN 978-7-301-05747-6/H · 0769
出 版 发 行：	北京大学出版社
地　　　址：	北京市海淀区成府路 205 号　100871
网　　　址：	http://www.pup.cn
电 子 邮 箱：	zpup@pup.pku.edu.cn
电　　　话：	邮购部 62752015　发行部 62750672　编辑部 62752028
	出版部 62754962
印 刷 者：	北京飞达印刷有限责任公司
经 销 者：	新华书店
	850 毫米×1168 毫米　32 开本　6.375 印张　160 千字
	2002 年 10 月第 1 版　2010 年 7 月第 4 次印刷
定　　　价：	18.00 元

未经许可,不得以任何方式复制或抄袭本书之部分或全部内容。
版权所有,侵权必究　举报电话：010—62752024
　　　　　　　　　　电子邮箱：fd@pup.pku.edu.cn

前 言

量词多是现代汉语的一个特点,它常常令外国学生望而生畏。在大多数学生的母语中,量词的数量很少,这使得他们在学习掌握汉语时,遇到很大困难。目前,针对外国学生编写的此类教材还寥寥无几,为了方便外国学生系统地、全面地学习量词以及它们的用法,我们编写了这本《汉语量词学习手册》。本书收字 187 个。

现代汉语的量词可以分作专用量词、兼用量词、临时量词三类:

● 专用量词指的是只做量词用的词。如:个、颗、块、匹、幢等;

● 兼用量词指的是既做量词也做别的词用的词。如:口、头、台、房、群等;

● 临时量词指的是原属其它词类,但是临时用作量词的词。如:拳、脚、屋子、地等。

这本量词手册只收了专用量词和兼用量词,临时量词因为可以在学习其它词类时学到,所以没有收入。

量词除了表示一定的量以外,还可以起到增强语言色彩的作用。例如:"一个人"、"一位先生"、"一口人"中的量词都表示人,但它们的色彩意义却不相同。

方便外国学生学习是我们编写《汉语量词学习手册》时

的首要原则。因此,本书的正文部分列出了:量词的不同义项;每个义项下面列举出许多词语;大部分量词都配有多个例句;并对部分容易混淆的量词进行了辨析。考虑到一些初学者不认识汉字,该书在所有词语和例句后面都标有拼音和英文注释,量词的每个义项也都注有英文翻译。为了便于学生了解自己学习量词前后的水平,本书在正文前边设有[自测练习题],书尾还列出五套练习题,供读者使用。另外,本书附有[名词量词搭配表]。

以下是量词的几种通常用法,供读者参考学习:

1. 较常见的:数词+量词+名词(例:三辆汽车)

2. 比较强调数量的:动词+"了"+数词+量词(例:我跑了十圈儿。)

3. 表示量大或每个都如此,可以用量词重叠的方法(例:大家个个精神抖擞。)

4. "数词+量词"重叠有强调的意味(例:我打算一点一点地仔细研究。)

在编写和翻译此书的过程中,得到胡鸿、刘莉、吕新莉、白静芳(加拿大)等许多朋友的大力支持和帮助,在此表示感谢。

错误疏漏之处敬请指正。

褚佩如　金乃逯
2001年12月

Preface

A foreign student is usually terrified by the sight of a large number of *liangci* (measure word) in Chinese. There are not as many as the Chinese *liangci* in other languages. Therefore, *liangci* is a special difficulty for him/her. In addition, there are few books of *liangci* for him/her to use as a reference. *Chinese Measure Words Without Tears* is to offer him/her a systematic and comprehensive help when he/she studies *liangci* and their usages. 187 *liangci* are included in this book.

Liangci in Chinese can be classified into *Zhuanyong liangci*, *Jianyong liangci* and *Linshi liangci*. *Zhuanyong liangci*, e. g. ge, ke, kuai, pi and zhuang, are sole measure words; *Jianyong liangci*, e. g. kou, tou, tai, fang and qun, serve as measure words and concurrently as other parts of speech; *Linshi liangci*, e. g. quan, jiao, wuzi and di, are originally other parts of speech and borrowed as measure words on some occasions.

This book only covers *Zhuanyong liangci* and *Jianyong liangci*. *Linshi langci* are not included because they will be learned as other parts of speech in textbooks.

Apart from measuring, *liangci* also function to colour the language. For example, the *liangci* "ge", "wei" and "kou" from "yi ge ren", "yi wei xiansheng" and "yi kou ren" are all *liangci* for a person, however, their usages are different.

For convenience, the main content of this book includes various meanings of each *liangci*, phrases under each *liangci*; example sentences and comparisons between similar *liangci*. Pinyin and English translation are added to each phrase and example sentence. The meanings of *liangci* are also translated. For a comparison of your progress in *liangci*, a test is provided before the main content and five sets of exercises are appendixed. In addition, a collocation table of *liangci* and their nouns is attached.

For reference, the following are some common usages of *liangci*.

1. The commonly used: numeral + *liangci* + noun; (e. g. "san liang qiche" three cars)

2. To stress quantity: verb + le + numeral + *liangci*; (e. g. "Wo pao le shi quan." I have run around the track ten times.)

3. Duplication of *liangci* for a large quantity or no exception; (e. g. "Dajia gege jingshen dousou." Everyone is energetic.)

4. Duplication of numeral + *liangci* to show emphasis; (e. g. "Wo dasuan yidian yidian de zixi yanjiu." I intend to study everything in detail.)

We are grateful for Mr. Hu Hong, Ms. Liu Li, Ms. Lu Xinli, Ms. Rachael Bedlington (Canadian) and some other friends who have offered their help in editing and translating this book.

We appreciate any comments and corrections on this book.

Chu Peiru Jin Nailu
Dec. 2001

Chinese Measure Words without Tears

把 bǎ

1. 用于有把手的器具 for something with a handle:

☞ 词语:

【一把刀】	yì bǎ dāo	a knife
【一把伞】	yì bǎ sǎn	an umbrella

例:她每次出门都带着一把伞。
Tā měi cì chū mén dōu dài zhe yì bǎ sǎn.
She always brings an umbrella with her when she is out.

【一把茶壶】	yì bǎ cháhú	a teapot
【一把椅子】	yì bǎ yǐzi	a chair

例:请把这几把椅子放回去。
Qǐng bǎ zhè jǐ bǎ yǐzi fàng huíqù.
Please put these chairs back in place.

【一把扇子】 yì bǎ shànzi a fan

例:天气太热,办公室里每个人手里都拿着一把扇子。
Tiānqì tài rè, bàngōngshì li měi ge rén shǒuli dōu ná zhe yì bǎ shànzi.
It was so hot that everyone in the office was holding a fan in his hand.

【一把勺子】	yì bǎ sháozi	a spoon
【一把钥匙】	yì bǎ yàoshi	a key

例:一把钥匙开一把锁。
Yì bǎ yàoshi kāi yì bǎ suǒ.
A certain key is to a certain lock.

2. 一手抓起的数量 a handful of：

☞ 词语：

【一把米】　yì bǎ mǐ　　a handful of rice
　　　　　例：两个人吃饭得要四把米。
　　　　　Liǎng ge rén chī fàn děi yào sì bǎ mǐ.
　　　　　Four handfuls of rice are needed for two people.

【一把花】　yì bǎ huā　　a bunch of flowers
　　　　　例：郊游的时候，她在山坡上采了一把花。
　　　　　Jiāoyóu de shíhou, tā zài shānpō shang cǎi le yì bǎ huā.
　　　　　She collected a bunch of flowers on the slope at her excursion.

【一把瓜子】　yì bǎ guāzǐ　　a handful of seeds
【一把韭菜】　yì bǎ jiǔcài　　a bunch of chives
【一把筷子】　yì bǎ kuàizi　　a bunch of chopsticks

3. 用于某些抽象的事物 for certain abstract ideas：

☞ 词语：

【一把火】　yì bǎ huǒ　　a fire
　　　　　例：一把火几乎烧光了他的全部家产。
　　　　　Yì bǎ huǒ jīhū shāoguāng le tā de quánbù jiāchǎn.
　　　　　The fire almost burnt his everything.

【一把年纪】　yì bǎ niánjì　　be getting on in years
　　　　　例：我们再见面时，他已经是有一把年纪的人了。
　　　　　Wǒmen zài jiànmiàn shí, tā yǐjīng shì yǒu yì bǎ

Chinese Measure Words without Tears

niánjì de rén le.
When we met each other again, he had already gotten on in years.

【一把(子)力气】 yì bǎ lìqi   be quite strong
例:再使一把力气,你就能推动车了。
Zài shǐ yì bǎ lìqi, nǐ jiù néng tuīdòng chē le.
Make an extra effort, you can move this car.

【一把好手】 yì bǎ hǎoshǒu   an efficient worker; a skillful worker
例:他在服装设计方面是一把好手,年年都能获奖。
Tā zài fúzhuāng shèjì fāngmiàn shì yì bǎ hǎoshǒu, niánnián dōu néng huò jiǎng.
He is a good hand in fashion design and wins a prize every year.

【第一把手】 dì-yī bǎ shǒu   first in command; a person holding primary responsibility
例:因为他是公司的第一把手,重要的事都要由他决定。
Yīnwèi tā shì gōngsī de dì-yī bǎ shǒu, zhòngyào de shì dōu yào yóu tā juédìng.
As the head of the company, he makes decisions on important matters.

【一把骨头】 yì bǎ gǔtou   a skeleton
例:几天不见,他瘦得只剩下一把骨头了。
Jǐ tiān bú jiàn, tā shòu de zhǐ shèng xià yì bǎ gǔtou le.
He has been reduced to a skeleton since I saw

3

him several days ago.

4. 用于手的动作 for any action done with the hand：

☞ 词语：

【拉他一把】　lā tā yì bǎ　　lend or give him a hand
【帮他一把】　bāng tā yì bǎ　　give him a helping hand

例：如果大家都帮他一把，他就不会毕不了业了。
Rúguǒ dàjiā dōu bāng tā yì bǎ, tā jiù bú huì bì bù liǎo yè le.
If everyone had given him a helping hand, he would have been able to graduate.

【洗一把脸】　xǐ yì bǎ liǎn　　have a wash of one's face

例：他用凉水洗了一把脸以后，觉得精神爽快多了。
Tā yòng liángshuǐ xǐ le yì bǎ liǎn yǐhòu, juéde jīngshén shuǎngkuài duō le.
He was brightened up after he washed his face with the cold water.

班 bān

1. 用于人群 for groups of people：

☞ 词语：

【这班学生】　zhè bān xuésheng　　this class of student

例：这班学生比那班学生用功。
Zhè bān xuésheng bǐ nà bān xuésheng yònggōng.

Chinese Measure Words without Tears

This class of students is more diligent than that class.

【原班人马】 yuán bān rénmǎ   the old cast; the former staff
例：参加比赛的还是原班人马。
Cānjiā bǐsài de hái shì yuán bān rénmǎ.
The same players joined the march.

2. 用于定时开行的交通运输工具 used to indicate the number of runs in transportation：

☞词语：

【头班车】   tóu bān chē   first bus
例：他家离公司太远，每天早上都坐头班车去上班。
Tā jiā lí gōngsī tài yuǎn, měitiān zǎoshang dōu zuò tóu bān chē qù shàngbān.
His office is so far away from his home that he must take the first bus to work everyday.

【末班车】   mò bān chē   last bus
【一班飞机】 yì bān fēijī   a flight
例：我们都是坐同一班飞机来的。
Wǒmen dōu shì zuò tóng yì bān fēijī lái de.
We came on the same flight.

版 bǎn

1. 书籍排印一次为一版 edition：

☞词语：

【第一版】　dì-yī bǎn　　　first edition
【印过三版】　yìn guò sān bǎn　　be printed three times
　　　　　例：这本书印过三版,我都买了。
　　　　　Zhè běn shū yìn guo sān bǎn, wǒ dōu mǎi le.
　　　　　This book has three editions and I have bought them all.

2. 报纸的一面叫一版 page of newspaper：
☞词语：
【头版新闻】　tóu bǎn xīnwén　　front-page news
　　　　　例：记者小王最关心自己采写的文章是否成为头版新闻。
　　　　　Jìzhě Xiǎo Wáng zuì guānxīn zìjǐ cǎixiě de wénzhāng shìfǒu chéngwéi tóu bǎn xīnwén.
　　　　　Xiao Wang, the journalist, is most concerned about whether his article is the first story on the front page.
【第二版】　dì-èr bǎn　　page 2
　　　　　例：那条消息登在报纸的第二版上。
　　　　　Nà tiáo xiāoxi dēng zài bàozhǐ de dì-èr bǎn shang.
　　　　　That headline is on page 2 of the newspaper.

Chinese Measure Words without Tears

瓣 bàn

用于花瓣、果实等分开的小块儿 petal; segment of garlic or a fruit etc.:

☞词语:

【两瓣儿蒜】 liǎng bànr suàn　　two cloves of garlic
例:他做什么菜都喜欢放两瓣儿蒜。
Tā zuò shénme cài dōu xǐhuan fàng liǎng bànr suàn.
He likes to put some garlic in the dishes whenever he cooks.

【四瓣儿西瓜】 sì bànr xīguā　　four pieces of watermelon
例:我已经吃了四瓣儿西瓜。
Wǒ yǐjīng chī le sì bànr xīguā.
I have already had four pieces of watermelon.

帮 bāng

用于人,是"群"、"伙"的意思 for groups of people, the same as "qún" or "huǒ":

☞词语:

【一帮人】 yì bāng rén　　a group of people
例:那边来了一帮人,是来找张先生的。
Nà biān lái le yì bāng rén, shì lái zhǎo Zhāng

xiānsheng de.

Here comes a group of people. They are looking for Mr. Zhang.

【一帮朋友】　yì bāng péngyou　　a group of friends
例：今天有一帮朋友来我家吃饭。
Jīntiān yǒu yì bāng péngyou lái wǒ jiā chī fàn.
Today a bunch of friends of mine will come to have a dinner in my house.

【一帮强盗】　yì bāng qiángdào　　a gang of robbers
辨析：见"伙"。See "huǒ".

包 bāo

用于成包的东西（for things）package; bundle：

☞词语：

【一包烟】　　yì bāo yān　　a pack of cigarettes
例：他口袋里总放着一包烟。
Tā kǒudai lǐ zǒng fàng zhe yì bāo yān.
He always has a pack of cigarettes in his pocket.

【一包糖】　　yì bāo táng　　a packet of sugar
【一包东西】　yì bāo dōngxi　　a parcel
例：小王让我把这包东西交给你。
Xiǎo Wáng ràng wǒ bǎ zhè bāo dōngxi jiāo gěi nǐ.
Xiao Wang asked me to pass this parcel to you.

【一包大米】　yì bāo dàmǐ　　a sack of rice
【一包饼干】　yì bāo bǐnggān　　a pack of biscuits

Chinese Measure Words without Tears

辈 bèi

指辈分 generation, order of seniority in the family or clan; position in the family hierarchy：

☞词语：

【小一辈】　　xiǎo yí bèi　　one generation junior
例：我们俩的年纪虽然差不多，但我比他小一辈。
Wǒmen liǎ de niánji suīrán chàbuduō, dàn wǒ bǐ tā xiǎo yí bèi.
Although we are almost at the same age, I'm one generation his junior.

辈子 bèizi

指一生 all one's life, lifetime：

☞词语：

【这辈子】　　zhè bèizi　　this lifetime; all one's life
【下辈子】　　xià bèizi　　afterlife or next life
例：但愿下辈子咱俩还是夫妻。
Dànyuàn xià bèizi zán liǎ háishi fūqī.
I wish to be your wife / husband even afterlife.

【一辈子】　　yí bèizi　　all one's life
例：这种机会一辈子也遇不到几次。
Zhè zhǒng jīhuì yí bèizi yě yùbúdào jǐ cì.

This type of opportunity you won't meet many times in your life.

本 běn

用于书本簿册 for books, parts of a serial, etc.：

☞词语：

【五本书】　wǔ běn shū　　five books

【一本账】　yì běn zhàng　　an account book
例：这几年为学电脑到底花了多少钱，她心里有一本账。
Zhè jǐ nián wèi xué diànnǎo dàodǐ huā le duōshao qián, tā xīnli yǒu yì běn zhàng.
How much money has been spent on learning computer? She has her own account.

【一本小说】　yì běn xiǎoshuō　　a novel
例：我用两天时间看完了一本小说。
Wǒ yòng liǎng tiān shíjiān kànwán le yì běn xiǎoshuō.
I finished a novel in two days.

【两本字典】　liǎng běn zìdiǎn　　two dictionaries
例：这两本字典都是比较常用的。
Zhè liǎng běn zìdiǎn dōu shì bǐjiào chángyòng de.
Both of these two dictionaries are pretty practical.

【三本影集】　sān běn yǐngjí　　three photo albums

Chinese Measure Words without Tears

辨析：见"册"。See "cè".

笔 bǐ

1. 用于款项或与款项有关的 for sums of money, financial accounts, debts, etc.：

☞词语：

【一笔钱】　　yì bǐ qián　　a sum of money
例：我打算用这笔钱买辆车。
Wǒ dǎsuan yòng zhè bǐ qián mǎi liàng chē.
I plan to buy a car with this fund.

【一笔债】　　yì bǐ zhài　　a debt
例：你还欠我一笔债，什么时候能还清？
Nǐ hái qiàn wǒ yì bǐ zhài, shénme shíhou néng huánqīng?
You own me a debt. When can you clear it off?

【一笔收入】　yì bǐ shōurù　　an income
【一笔支出】　yì bǐ zhīchū　　an expenditure
例：五千块钱对我也是一大笔支出啊。
Wǔqiān kuài qián duì wǒ yě shì yí dà bǐ zhīchū a.
5,000 Yuan is a great expense to me.

【一笔买卖】　yì bǐ mǎimai　　a deal
例：今天我连一笔买卖也没做成。
Jīntiān wǒ lián yì bǐ mǎimai yě méi zuòchéng.
I have done no business at all today.

2. 用于书画艺术 for skill in calligraphy or painting:

☞词语:
【一笔好字】　　yì bǐ hǎozì　　write a good hand
　　　　　　　　例:他能写一笔好字。
　　　　　　　　Tā néng xiě yì bǐ hǎozì.
　　　　　　　　He can write a good hand.
【画几笔画儿】　huà jǐ bǐ huàr　　be a painter of sorts

3. 汉字的笔划 strokes of a Chinese character:

例句:"好"字有几笔?
　　　"Hǎo" zì yǒu jǐ bǐ?
　　　How many strokes are there in the character "hao"?

遍 biàn

一个动作从开始到结束的整个过程叫一遍（for actions）once through; a time:

☞词语:
【看一遍】　kàn yí biàn　　read something once
　　　　　例:那个电影大家看了一遍还想看。
　　　　　Nà ge diànyǐng dàjiā kàn le yí biàn hái xiǎng kàn.
　　　　　Everybody has seen that movie once, but they still want to see it again.
【写一遍】　xiě yí biàn　　write something once
【说三遍】　shuō sān biàn　　say three times

Chinese Measure Words without Tears

例：老师说了一遍又一遍，可他就是记不住。
Lǎoshī shuōle yí biàn yòu yí biàn, kě tā jiùshì jìbúzhù.
The teacher said it again and again, but he just could not keep it in his mind.

【第一遍】 dì-yī biàn　　for the first time

例：电话刚响了第一遍，她就赶紧拿起听筒。
Diànhuà gāng xiǎngle dì-yī biàn, tā jiù gǎnjǐn náqǐ tīngtǒng.
With the first ring, she hastily picked the receiver up.

拨 bō

用于成批的人或物（for people）group; batch：

☞ 词语：

【一拨学生】 yì bō xuésheng　　a group of students
【好几拨人】 hǎo jǐ bō rén　　several groups of people

例：今年以来，公司接待了好几拨来访者。
Jīnnián yǐlái, gōngsī jiēdài le hǎo jǐ bō láifǎngzhě.
The company has received quite a few groups of visitors this year.

【分成两拨】 fēnchéng liǎng bō　　divide... into two groups

例：由于参观的人太多，只好分成两拨进入展厅。
Yóuyú cānguān de rén tài duō, zhǐhǎo fēnchéng liǎng bō jìnrù zhǎntīng.

Since too many people want to see the exhibition, they must be divided into two groups to enter the exhibition hall.

步 bù

1. 用于行走时两脚间的距离 for distance between feet while walking:

☞词语：

【迈一步】　mài yí bù　　take a big stride

【相隔三步】　xiānggé sān bù　　three paces away from each other
例：他俩的桌子离得很近,只相隔三步远。
Tā liǎ de zhuōzi lí de hěn jìn, zhǐ xiānggé sān bù yuǎn.
Their desks are so close that only three paces apart from each other.

【五步以外】　wǔ bù yǐwài　　five paces away
例：那条狗立在五步以外的地方冲他大叫。
Nà tiáo gǒu lì zài wǔ bù yǐwài de dìfang chòng tā dà jiào.
That dog was barking at him five steps away.

2. 步骤 step, stage：

☞词语：

【下一步】　xià yí bù　　the next step or move

Chinese Measure Words without Tears

例：我们正在考虑下一步计划。
Wǒmen zhèngzài kǎolǜ xià yí bù jìhuà.
We are considering the plan of the next step.

【一步棋】　yí bù qí　　a move in chess
例：他想了很久才走出这步棋。
Tā xiǎngle hěn jiǔ cái zǒuchū zhè bù qí.
Only after thinking a long time did he make his (chess) move.

部　bù

1. 用于书籍、影片等 for books and films：

☞词语：

【一部电影】　yí bù diànyǐng　　a film
例：这部电影我已经看过两遍了。
Zhè bù diànyǐng wǒ yǐjīng kànguo liǎng biàn le.
I have seen this film twice.

【一部字典】　yí bù zìdiǎn　　a dictionary
【一部专著】　yí bù zhuānzhù　　a monograph
例：王教授这两年一共写了三部专著。
Wáng jiàoshòu zhè liǎng nián yígòng xiě le sān bù zhuānzhù.
Professor Wang has written three monographs in the last two years.

2. 用于机器或车辆 for machines and vehicles：

☞ 词语：

【一部汽车】　yí bù qìchē　　a car

　　　　　　例：他新买了一部家用汽车。
　　　　　　Tā xīn mǎi le yí bù jiā yòng qìchē.
　　　　　　He has just bought a family car.

【一部机器】　yí bù jīqì　　a machine

【一部电话】　yí bù diànhuà　　a telephone

　　　　　　例：他一搬完家，就安了一部电话。
　　　　　　Tā yì bān wán jiā, jiù ān le yí bù diànhuà.
　　　　　　As soon as he finished moving into his new home, he arranged for a telephone.

餐 cān

一顿饭叫一餐 for meals：

例句：他一日三餐都缺少不了肉。
Tā yí rì sān cān dōu quēshǎo bù liǎo ròu.
His three meals a day never lack meat.

册 cè

装订好的本子，一本就叫一册 copy; volume：

例句：这套书一共有十册。

Chinese Measure Words without Tears

Zhè tào shū yígòng yǒu shí cè.
This set of books is altogether 10 volumes.

☞词语：

【第一册】　dì-yī cè　　book one
例：汉语课本第一册里先教发音。
Hànyǔ kèběn dì-yī cè li xiān jiāo fā yīn.
Book 1. of these Chinese textbooks first teaches pronunciation.
辨析："本"和"册"都用于书本簿册，但"册"多指一套书中的一本。
Comparison: Both "běn" and "cè" are measure words of a book. "Cè" is generally used to express one book of a set.

层　céng

1. 用于重叠、积累的东西 storey; layer; floor：

☞词语：

【三层楼】　sān céng lóu　　three-floored building
例：河边有一幢三层楼的房子。
Hé biān yǒu yí zhuàng sān céng lóu de fángzi.
There is a three-storey house on the bank of the river.
【双层窗户】　shuāng céng chuānghu　　double window
【一层玻璃】　yì céng bōli　　a layer of glass

例：两个房间之间隔着一层玻璃。
Liǎng ge fángjiān zhījiān gé zhe yì céng bōli.
There is a glass wall between the two rooms.

【九层台阶】 jiǔ céng táijiē　　nine-step stair
【顶层】 dǐngcéng　　the top storey
例：他家住在高楼的顶层。
Tā jiā zhù zài gāolóu de dǐngcéng.
He lives in the top storey of a high building.

【底层】 dǐcéng　　ground floor or the lowest rung of the ladder
例：他们是一群生活在社会最底层的人。
Tāmen shì yì qún shēnghuó zài shèhuì zuì dǐcéng de rén.
They are a group of people living at the bottom of society.

2. 用于可以分项分步的东西 a component part in a sequence：

例句：这篇文章的内容共分三层。
Zhè piān wénzhāng de nèiróng gòng fēn sān céng.
This article has three levels.

☞ 词语：

【多一层考虑】 duō yì céng kǎolǜ　　consider in depth
例：作为公司领导，他得对问题多一层考虑。
Zuòwéi gōngsī lǐngdǎo, tā děi duì wèntí duō yì céng kǎolǜ.
As the head of the company, he must think more about any problems.

【一层层传达】 yì céngcéng chuándá　　transmit or relay from the

Chinese Measure Words without Tears

high ranks to the lower ones

3. 用于附着在物体表面的东西 layer, for something adhering to the surface of other objects:

☞ 词语:

【一层灰】　yì céng huī　　a film of dust
例:今天风大,家里的东西上都落了一层灰。
Jīntiān fēng dà, jiāli de dōngxi shàng dōu luò le yì céng huī.
It was so windy today that the dust could be seen everywhere in the house.

【一层油】　yì céng yóu　　a film of oil
【一层冰】　yì céng bīng　　a layer of ice
例:河面上结了厚厚的一层冰。
Hémiàn shang jiéle hòuhòu de yì céng bīng.
A thick layer of ice formed on the river.

【一层土】　yì céng tǔ　　a layer of dirt
例:从外面进来的人脸上都是一层土。
Cóng wàimian jìnlái de rén liǎn shang dōu shì yì céng tǔ.
Everyone in from outside has got a layer of dirt on his face.

【一层皮】　yì céng pí　　a layer of skin
例:那天晒太阳晒得太厉害了,今天他后背脱了一层皮。
Nà tiān shài tàiyáng shàide tài lìhai le, jīntiān tā hòubèi tuō le yì céng pí.
He was in the sun so long a time that his back was

peeling now.

场 cháng

用于事情的经过 once through; for matters：

☞ 词语：

【一场大病】　yì cháng dà bìng　　a serious illness
例：淋了雨以后，他得了一场大病。
Línle yǔ yǐhòu, tā déle yì cháng dà bìng.
He was badly ill since he got wet in the rain.

【一场暴风雪】　yì cháng bàofēngxuě　　a tempest
例：天气预报说明天将要有一场暴风雪。
Tiānqì yùbào shuō míngtiān jiāngyào yǒu yì cháng bàofēngxuě.
The weather forecast said that there would be a tempest tomorrow.

【一场战争】　yì cháng zhànzhēng　　a war
【一场灾难】　yì cháng zāinàn　　a disaster
【一场误会】　yì cháng wùhuì　　a misunderstanding
例：我以为她是你妈妈，原来这是一场误会。
Wǒ yǐwéi tā shì nǐ māma, yuánlái zhè shì yì cháng wùhuì.
I mistook her as your mother.

【哭一场】　kū yì cháng　　have a good cry
例：那天我伤心极了，忍不住大哭了一场。
Nà tiān wǒ shāngxīn jí le, rěnbúzhù dà kū le yì

Chinese Measure Words without Tears

cháng.
I was so sad the day that I couldn't help crying.

【干一场】　　gàn yì cháng　　do something with an extra effort
【欢喜一场】　huānxǐ yì cháng　feel with joy
例：活动因故取消，大家空欢喜一场。
Huódòng yīn gù qǔxiāo, dàjiā kōng huānxǐ yì cháng.
That activity was cancelled for some reasons, everyone's high expectations were dashed.

场　chǎng

用于文娱体育活动 for recreational or sports activities：
☞词语：
【一场球】　　yì chǎng qiú　　a ball game ; a match
例：他是个足球迷，每场球都要看。
Tā shì ge zúqiú mí, měi chǎng qiú dōu yào kàn.
He is a football fan. He can't miss even one match.

【一场电影】　yì chǎng diànyǐng　a film show
【两场比赛】　liǎng chǎng bǐsài　two matches
例：下星期国家队有两场比赛。
Xià xīngqī guójiāduì yǒu liǎng chǎng bǐsài.
The National Team will have two matches next week.

【一场演出】　yì chǎng yǎnchū　　a performance; a show
例：听说要在大会堂举办一场文艺演出。
Tīngshuō yào zài dàhuìtáng jǔbàn yì chǎng wényì yǎnchū.
It is said that a performance will be shown in the People's Great Hall.

重　chóng

层，用于重叠、堆积的事物 layer (used to indicate the overlapping or accumulative things)：

☞词语：
【双重】　　shuāngchóng　　dual
例：他既是老师又是学生，具有双重身份。
Tā jì shì lǎoshī yòu shì xuésheng, jùyǒu shuāngchóng shēnfèn.
He has a dual status-both teacher and student.

【万重山】　wàn chóng shān　　countless mountains
【重重包围】chóngchóng bāowéi　　barrier after barrier, rings of encirclement
例：老王从浓烟的重重包围中救出了小女孩儿。
Lǎo Wáng cóng nóngyān de chóngchóng bāowéi zhōng jiùchū le xiǎo nǚháir.
Lao Wang saved that little girl from the barriers of thick smoke.

Chinese Measure Words without Tears

出 chū

戏曲的一个独立剧目叫一出 for operas or plays:

☞ 词语:

【一出戏】　　yì chū xì　　　an opera; a play
例:这出戏已经上演好几天了。
Zhè chū xì yǐjīng shàngyǎn hǎo jǐ tiān le.
This play has been on show for quite several days.

【一出悲剧】　yì chū bēijù　　a tragedy
例:《罗米欧与朱丽叶》是一出悲剧。
"Luómǐōu yǔ Zhūlìyè" shì yì chū bēijù.
Romeo and Juliet is a tragedy.

【一出喜剧】　yì chū xǐjù　　　a comedy

处 chù

用于地方,处所 for places or for occurrences or activities in different places

例句:公司的办公地点有两处,一处在东城,一处在西城。
Gōngsī de bàngōng dìdiǎn yǒu liǎng chù, yí chù zài dōngchéng, yí chù zài xīchéng.
This company has two office locations. one is in the east of the city. the other one is in the west.

☞词语:

【各处】　　gèchù　　each place
　　　　　　例:房间的各处都摆着鲜花。
　　　　　　Fángjiān de gèchù dōu bǎizhe xiānhuā.
　　　　　　Every corner of the room is decorated with fresh flowers.

【一处风景】　yí chù fēngjǐng　　a scenery
　　　　　　例:桂林的几处风景都很美。
　　　　　　Guìlín de jǐ chù fēngjǐng dōu hěn měi.
　　　　　　The scenery spots in Guilin are all beautiful.

【三处住所】　sān chù zhùsuǒ　　three houses
【一处荒地】　yí chù huāngdì　　a wasteland
【三处错误】　sān chù cuòwù　　three mistakes
　　　　　　例:文章有三处错误。
　　　　　　Wénzhāng yǒu sān chù cuòwù.
　　　　　　There are three mistakes in this article.

串　chuàn

1. 用于连贯起来的东西 string cluster; for a string of things; bunch:

☞词语:

【一串项链】　yí chuàn xiàngliàn　a necklace
　　　　　　例:她脖子上的那串项链是别人送的。
　　　　　　Tā bózi shang de nà chuàn xiàngliàn shì biérén

Chinese Measure Words without Tears

sòng de.
The necklace around her neck was a gift from someone.

【一串钥匙】 yí chuàn yàoshi   a bunch of keys
例：门上的一串钥匙是谁的？
Mén shang de yí chuàn yàoshi shì shuí de?
Whose keys are these in the lock to the door?

【一串葡萄】 yí chuàn pútáo   a cluster of grapes

【一串糖葫芦】 yí chuàn táng húlu   a string of sugarcoated fruits on a stick
例：每个人都买了一串糖葫芦。
Měi ge rén dōu mǎi le yí chuàn táng húlu.
Everyone has bought a stick of sugar-coated fruits.

2. 用于连续的动作或抽象的事物 **for serial actions or abstract things**:

词语：

【一串话】 yí chuàn huà   a talk
例：我说了一大串话，他一句也没听见。
Wǒ shuōle yí dà chuàn huà, tā yí jù yě méi tīngjiàn.
I talked a great deal but he didn't hear anything.

【一串问题】 yí chuàn wèntí   a chain of problems

【一串笑声】 yí chuàn xiàoshēng   some laughs
例：楼梯上传来一串笑声。
Lóutī shang chuánlái yí chuàn xiàoshēng.

25

Laugh was floating out from the stairs.
辨析:见"嘟噜"。See "dūlu".

床 chuáng

用于被褥等 for quilt, bedding:

☞ 词语:

【两床被子】　liǎng chuáng bèizi　　two quilts
例:他盖了两床被子还感到冷。
Tā gàile liǎng chuáng bèizi hái gǎndào lěng.
He still felt cold, although he was covered by two quilts.

【一床铺盖】　yì chuáng pūgai　　a set of bedding

次 cì

1. 用于反复出现的事情 for things which occur repeatedly:

☞ 词语:

【这次】　zhè cì　　this time
【上次】　shàng cì　　last time
【第一次】　dì-yī cì　　first time
例:他是第一次到上海来。
Tā shì dì-yī cì dào Shànghǎi lái.
This is the first time for him to come to Shang-

Chinese Measure Words without Tears

【又一次】	hai. yòu yí cì	one more time

例：我们又一次陷入困境。
Wǒmen yòu yí cì xiànrù kùnjìng.
We were in dire straits once again.

【访问过几次】 fǎngwèn guo jǐ cì   have visited... several times

例：我有幸访问过几次他的国家。
Wǒ yǒuxìng fǎngwèn guo jǐ cì tā de guójiā.
I have the pleasure of having had several visits to his country.

【见过两次面】 jiànguo liǎng cì miàn   have met... twice
【有一次】 yǒu yí cì   once

例：有一次，大家碰巧都病了。
Yǒu yí cì, dàjiā pèngqiǎo dōu bìng le.
Once by coincidence we all got sick.

2. 用于可以重复出现的事情 **for things that could occur repeatedly**：

☞ 词语：
【一次教训】 yí cì jiàoxùn   a lesson
【一次机会】 yí cì jīhuì   a chance

例：这样难得的一次机会被我错过了。
Zhèyàng nándé de yí cì jīhuì bèi wǒ cuòguò le.
Such a rare opportunity has been missed by me.

【一次事故】 yí cì shìgù   an accident

例：他工作了十几年，没有出过一次事故。
Tā gōngzuò le shí jǐ nián, méiyǒu chūguo yí cì shìgù.
He has worked for more than ten years without even one accident.

汉语量词学习手册

丛 cōng

用于聚集、生长在一起的植物 for clumping plants：

☞词语：

【一丛杂草】　yì cōng zácǎo　　a clump of weeds

例：因为一直没人住，院子里长满一丛丛的杂草。
Yīnwèi yìzhí méi rén zhù, yuànzi lǐ zhǎngmǎn yì cōngcōng de zácǎo.
Weeds are growing everywhere in the yard, because no one has lived here for so long.

【一丛灌木】　yì cōng guànmù　　a clump of bushes

【绿树丛丛】　lǜ shù cōngcōng　　groves of trees

例：村子里到处绿树丛丛，风景很美。
Cūnzi lǐ dàochù lǜ shù cōngcōng fēngjǐng hěn měi.
There are green trees everywhere in the village, so the village is very beautiful.

簇 cù

用于聚集成团成堆的东西 bunch; cluster：

例句：山上到处都有野花，这儿一丛，那儿一簇。
Shān shang dàochù dōu yǒu yěhuā, zhèr yì cōng, nàr yí cù.
Wild flowers are all over the hill-here a dump, there a cluster.

Chinese Measure Words without Tears

☞ 词语：
【一簇鲜花】 yí cù xiānhuā　　a bunch of flowers
【一簇毛发】 yí cù máofà　　a lock of hairs

撮 cuō

1. 用于手或工具撮取的东西，量很少 **a pinch of, scoopful, shovelful**：

☞ 词语：
【一撮土】 yì cuō tǔ　　a scoopful of dust
例：地上还有一撮土没有撮走。
Dìshang háiyǒu yì cuō tǔ méiyǒu cuō zǒu.
There is a scoopful of dust left over on the ground.
【一撮垃圾】 yì cuō lājī　　a scoopful of rubbish

2. 借用于极少的坏人或事物 **for few bad people or things**：

☞ 词语：
【一撮坏人】 yì cuō huàirén　　a handful of bad people
例：据报告，有一撮坏人妄图破坏铁路设备。
Jù bàogào, yǒu yì cuō huàirén wàngtú pòhuài tiělù shèbèi.
It is reported that a handful of bad people were plotting sabotage of the railway facilities.
【一小撮流氓】 yì xiǎo cuō liúmáng　　a handful of hooligans

打 dá

十二个为一打 dozen：

☞词语：
【一打鸡蛋】 yì dá jīdàn　　a dozen eggs
【两打袜子】 liǎng dá wàzi　　two dozen socks
　　　　　　例：他一下子买了两打袜子。
　　　　　　Tā yíxiàzi mǎile liǎng dá wàzi.
　　　　　　All of a sudden, he bought two dozen socks.
【一打铅笔】 yì dá qiānbǐ　　a dozen pencils

沓 dá(r)

用于重叠起来的纸张和其他薄的东西 **pile of paper or other thin objects; pad**：

☞词语：
【一沓信纸】 yì dár xìnzhǐ　　a pad of writing paper
【一沓报纸】 yì dár bàozhǐ　　a pile of newspaper
　　　　　　例：他手里拿着一沓报纸。
　　　　　　Tā shǒuli názhe yì dár bàozhǐ.
　　　　　　He carried a pile of newspaper in his hand.
【一沓钱】　 yì dár qián　　a wad of banknotes
　　　　　　例：这一沓钱她数了不知多少遍了。
　　　　　　Zhè yì dár qián tā shǔle bù zhī duōshǎo biàn le.

Chinese Measure Words without Tears

I don't know how many times she's counted that wad of bank notes.

辨析：见"摞"。See "luò".

代 dài

用于辈分相等的人 generation：

例句：我们不是一代人，所以在很多问题上有分歧。
Wǒmen bú shì yí dài rén, suǒyǐ zài hěn duō wèntí shang yǒu fēnqí.
We belong to different generations, so we have different opinions on many points.

☞词语：
【年轻一代】　niánqīng yí dài　　the younger generation
【三代同堂】　sān dài tóng táng　　three generations live together
例：我们家是三代同堂。
Wǒmen jiā shì sān dài tóng táng.
There are three generations in my family.

袋 dài

1. 用于袋装的东西 bag; sack; pocket：

☞词语：

【一袋大米】　yí dài dàmǐ　　a bag of rice
【一袋奶粉】　yí dài nǎifěn　　a pack of milk powder
　　　　　　例：孩子一个月要吃一袋奶粉。
　　　　　　Háizi yí ge yuè yào chī yí dài nǎifěn.
　　　　　　Baby needs one pack of milk powder per month.
【两小袋药】　liǎng xiǎo dài yào　　two little packets of medicine

2. 用于水烟或旱烟 for Chinese smoking pipes：

☞词语：
【抽一袋烟】　chōu yí dài yān　　smoke a pipe
【一袋烟的功夫】　yí dài yān de gōngfu　　time needed to smoke a pipe
　　　　　　例：刚一袋烟的功夫，他就跑回来了。
　　　　　　Gāng yí dài yān de gōngfu, tā jiù pǎo huílái le.
　　　　　　He ran back in a short while.

担　dàn

用于成担的东西 shoulder-pole load, for things which can be carried on a shoulder pole：

☞词语：
【一担柴】　yí dàn chái　　a shoulder-pole load of firewood
【一担水】　yí dàn shuǐ　　two buckets of water carried on a shoulder pole
　　　　　　例：挑一担水上山走得他满身大汗。

Chinese Measure Words without Tears

Tiāo yí dàn shuǐ shàng shān zǒude tā mǎn shēn dà hàn.
Going up the mountain carrying two buckets of water on his shoulder pole, he got thoroughly sweaty.

档(子)　dàng(zi)

用于事件　for affairs or matters:

☞词语:

【一档事】　　yí dàng shì　　one matter
例:我说的是另一档事。
Wǒ shuō de shì lìng yí dàng shì.
I'm talking about another matter.

【好几档子事】　hǎo jǐ dàngzi shì　　quite a few matters
例:他手边有好几档子事急等着处理呢。
Tā shǒu biān yǒu hǎo jǐ dàngzi shì jí děngzhe chǔlǐ ne.
He has quite a few urgent matters in his hands waiting to be handled.

道　dào

1. 用于江、河和某些长条形的东西 **for long and narrow objects, for things in the form of a line:**

☞词语:

【一道沟】　yí dào gōu　　a ditch
【两道缝】　liǎng dào fèng　　two cracks
例：墙上裂开两道缝。
Qiáng shang lièkāi liǎng dào fèng.
There are two cracks in the wall.

【一道河流】　yí dào héliú　　a river
【一道伤疤】　yí dào shāngbā　　a scar
例：他的身上至今还留着一道伤疤。
Tā de shēn shang zhìjīn hái liúzhe yí dào shāngbā.
To this day, his body still has a scar on it.

【一道口子】　yí dào kǒuzi　　a split
【几道皱纹】　jǐ dào zhòuwén　　some wrinkles
例：一年不见，老师的脸上又多了几道皱纹。
Yì nián bú jiàn, lǎoshī de liǎn shang yòu duō le jǐ dào zhòuwén.
My teacher has got many more wrinkles on his face since I last saw him one year ago.

2. 用于门、墙等 for doors, walls, etc.：

☞词语：
【一道墙】　yí dào qiáng　　a wall
例：我家和他家之间只隔了一道墙。
Wǒ jiā hé tā jiā zhījiān zhǐ gé le yí dào qiáng.
There is only one wall between his house and mine.

【两道门】　liǎng dào mén　　two successive doors
例：进入会场要过两道门。
Jìnrù huìchǎng yào guò liǎng dào mén.

34

Chinese Measure Words without Tears

You need pass through two doors before entering the meeting hall.

【几道难关】 jǐ dào nánguān   several barriers

例:虽然他可以参加面试了,但还有好几道难关在等着他。

Suīrán tā kěyǐ cānjiā miànshì le, dàn hái yǒu hǎo jǐ dào nánguān zài děng zhe tā.

He could go to the oral quiz now, but there were still quite a few barriers waiting for him.

【一道关卡】 yí dào guānqiǎ   an outpost, checkpoint or check post

3. 用于命令,题目等 for orders, questions, etc.:

☞词语:

【十道题】 shí dào tí   ten questions

例:老师给学生留了十道数学题。

Lǎoshī gěi xuésheng liú le shí dào shùxué tí.

The teacher left students ten maths questions.

【一道命令】 yí dào mìnglìng   one order

【第三道考题】 dì-sān dào kǎotí   the third examation question

4. 次 for courses in a meal, stages in a procedure, etc.:

☞词语:

【一道手续】 yí dào shǒuxù   a procedure

例:到银行开户需要几道手续?

Dào yínháng kāi hù xūyào jǐ dào shǒuxù?

How many procedures are there for opening an account in the bank?

【五道工序】 wǔ dào gōngxù　　five steps in the process
【上四道菜】 shàng sì dào cài　　serve four courses
例：这顿饭共上了四道菜。
Zhè dùn fàn gòng shàng le sì dào cài.
This meal is served in four courses.

等　děng

用于人和事物的等级 class; grade; rank：
例句：你不该把学生分为三、六、九等。
Nǐ bù gāi bǎ xuésheng fēnwéi sān, liù, jiǔ děng.
You shouldn't classify students into grades.

☞ 词语：
【一等功】 yī děng gōng　　Merit Citaton Class 1.
例：他在部队里立了一等功。
Tā zài bùduì lǐ lì le yī děng gōng.
He got a Merit Citation Class One in the army.
【特等舱】 tè děng cāng　　luxury cabin or cabin de luxe
例：特等舱的票卖完了。
Tè děng cāng de piào mài wán le.
The tickets of Cabin de Luxe have been sold out.
【高人一等】 gāo rén yì děng　　a cut above other people
例：他总以为自己高人一等。
Tā zǒng yǐwéi zìjǐ gāo rén yì děng.
He always regards himself as a cut above other

Chinese Measure Words without Tears

people.

滴 dī

用于滴下的液体的数量 drop, for droppings:

☞ 词语:
【一滴汗】　　yì dī hàn　　a bead of sweat
【一滴水】　　yì dī shuǐ　　a drop of water
　　　　　　例:杯子里一滴水也没有了。
　　　　　　Bēizi lǐ yì dī shuǐ yě méiyǒu le.
　　　　　　There is not a drop of water in the cup.
【一滴血】　　yì dī xuě　　a drop of blood
【几滴雨】　　jǐ dī yǔ　　several raindrops
　　　　　　例:刚下了几滴雨,天就晴了。
　　　　　　Gāng xiàle jǐ dī yǔ, tiān jiù qíng le.
　　　　　　It became fine after only several raindrops.
【几滴眼泪】　jǐ dī yǎnlèi　several teardrops

点 diǎn

1. **表示少量(可以儿化) a little, a bit, some (could add a retroflexion of "r"):**

☞ 词语:

37

【一点东西】　yì diǎn dōngxi　　a few things
例：她上街买一点东西。
Tā shàng jiē mǎi yìdiǎn dōngxi.
She went to do some shopping.

【一点亮光】　yì diǎn liàngguāng　　little light
【一点好处】　yì diǎn hǎochù　　a little advantage
例：你抽这么多烟对身体没有一点好处。
Nǐ chōu zhème duō yān duì shēntǐ méiyǒu yì diǎn hǎochù.
You smoking so heavily doesn't do any good to your health.

【一点印象】　yì diǎn yìnxiàng　　a little impression

2. 用于事项（不能儿化）for items, couldn't get retroflexed：

☞词语：

【几点意见】　jǐ diǎn yìjiàn　　several points of view
【一点建议】　yì diǎn jiànyì　　a suggestion
【三点错误】　sān diǎn cuòwù　　three errors
例：在这件事上我犯了三点错误。
Zài zhè jiàn shì shang wǒ fàn le sān diǎn cuòwù.
I made three mistakes in this matter.

【两点看法】　liǎng diǎn kànfǎ　　two points of view
例：老王对这次活动有两点看法：第一，宣传不够；第二，缺乏趣味性。
Lǎo Wáng duì zhè cì huódòng yǒu liǎng diǎn kànfǎ: dì-yī, xuānchuán bú gòu; dì-èr, quēfá qùwèixìng.
Lao Wang held two points of view on this activity. first: insufficent promotion; second: lack of in-

Chinese Measure Words without Tears

terest.

【一点优点】 yì diǎn yōudiǎn one merit
例：他起码有一点优点：热情。
Tā qǐmǎ yǒu yì diǎn yōudiǎn: rèqíng.
He has one merit at least-his warmheart.

3. 用于时间 o'clock, for time：

☞词语：
【三点五分】 sān diǎn wǔ fēn   3:05
【十二点整】 shí'èr diǎn zhěng   12 o'clock sharp
【八点钟】   bā diǎn zhōng   8:00
例：我们每天八点钟上班。
Wǒmen měitiān bā diǎn zhōng shàng bān.
We are on the job at eight everyday.

叠 dié

用于分层放的或折叠的东西 for objects piled up in layers; folded or overlapped：

☞词语：
【一叠纸】   yì dié zhǐ   a wad of paper
【一叠盘子】 yì dié pánzi   a pile of dishes
例：他洗了一叠又一叠的盘子。
Tā xǐle yì dié yòu yì dié de pánzi.
He washed piles and piles of plates.

【一叠衣服】 yì dié yīfu　　a pile of suits

顶 dǐng

用于某些有顶的东西,如:帽子、蚊帐等 for things which have a top, used for caps, mosquito-nets, etc. :

☞词语:

【一顶帽子】 yì dǐng màozi　　a cap
【一顶帐篷】 yì dǐng zhàngpeng　　a tent
　　　　　　例:晚上大家挤在一顶帐篷里。
　　　　　　Wǎnshang dàjiā jǐ zài yì dǐng zhàngpeng li.
　　　　　　We crowded in one tent at night.
【两顶轿子】 liǎng dǐng jiàozi　　two sedan chairs

栋 dòng

房屋一座叫一栋 for buildings:

☞词语:

【一栋房子】 yí dòng fángzi　　a house
【一栋楼】　 yí dòng lóu　　a building
　　　　　　例:在这栋楼里,住的都是我们单位的人。
　　　　　　Zài zhè dòng lóu li, zhù de dōu shì wǒmen dānwèi de rén.

Chinese Measure Words without Tears

People living in this building all belong to my work unit.

辨析:"栋"和"幢"都是用于建筑物的量词。一般情况下,可以通用。人们在提及高大建筑物时用"幢"多一些。

Comparison: Dòng and zhuàng are two measure words for buildings. They are interchangeable generally. However, zhuàng is used more when tall and big buildings are mentioned.

嘟噜 dūlu

用于连成一簇的东西 bunch; cluster:

☞ 词语:

【一嘟噜葡萄】 yì dūlu pútáo   a bunch of grapes
例:筐里放满了一嘟噜一嘟噜的葡萄。
Kuāng lǐ fàng mǎn le yì dūlu yì dūlu de pútáo.
The basket is full of bunches and bunches of grapes.

【一嘟噜钥匙】 yì dūlu yàoshi   a bunch of keys
辨析:"嘟噜"和"串"都用于连在一起的东西。但是"嘟噜"多用于成簇的东西;"串"则不一定呈簇状的连串的东西。另外,"挂"用于连串起来并可悬挂,或与别的事物挂在一起。

Comparison: Dūlu and chuàn are for things connected to each other, but dūlu is usually for things formed in a cluster; chuàn for the other things not in a cluster but connected to each other. Besides, guà is another measure word here for things which can be hung or hung together with some other things.

堵 dǔ

用于墙 for walls:

☞ 词语:

【一堵墙】 yì dǔ qiáng   a wall

例:这条胡同的尽头是一堵墙。
Zhè tiáo hútòng de jìntóu shì yì dǔ qiáng.
At the end of this alley is a wall.

度 dù

1. 次 time; occasion:

☞ 词语:

【再度】 zàidù   again

例:住房问题再度成为人们关心的热点。
Zhùfáng wèntí zàidù chéngwéi rénmen guānxīn de rèdiǎn.
The problem of housing again became a focus of

Chinese Measure Words without Tears

    public concern.

【两度】 liǎng dù twice
【一年一度】 yì nián yí dù once a year
    例：一年一度的教师节又来临了。
    Yì nián yí dù de jiàoshījié yòu láilín le.
    This year's Teacher's day has come.

2. 表示物质的有关性质所达到的程度 unit of measurement for angles, temperature, etc. :

例句：今天的温度高达38度。
  Jīntiān de wēndù gāodá sānshí bā dù.
  Today's temperature will reach 38℃.

段 duàn

1. 用于长条东西分成的若干部分 section of some long objects：

☞ 词语：
【一段木头】 yí duàn mùtou a log
    例：他抱着水面上的一段木头游到了岸边。
    Tā bàozhe shuǐmiàn shang de yí duàn mùtou yóu dào le ànbiān.
    He swam to the bank. holding onto a log on the surface.
【一段铁路】 yí duàn tiělù a section of railway
    例：修这段铁路用了两个月时间。
    Xiū zhè duàn tiělù yòng le liǎng ge yuè shíjiān.

It took two months to fix this section of railway.

【两段绳子】 liǎng duàn shéngzi　　two ropes
【一段管子】 yí duàn guǎnzi　　a tube

2. 表示一定的距离 for certain distance：

☞词语：

【一段时间】 yí duàn shíjiān　　a period of time
例：在公司工作了一段时间以后,他就辞职走了。
Zài gōngsī gōngzuò le yí duàn shíjiān yǐhòu, tā jiù cízhí zǒu le.
After he had worked in the firm for a period of time, he resigned and left.

【一段距离】 yí duàn jùlí　　a certain distance
【一段路程】 yí duàn lùchéng　　a journey
【这段经历】 zhè duàn jīnglì　　an experience
例：我们永远也忘不了与他共事的这段经历。
Wǒmen yǒngyuǎn yě wàngbùliǎo yǔ tā gòngshì de zhè duàn jīnglì.
We will never forget the experience of working together with him.

3. 表示事物的一部分 part of something or a passage：

☞词语：

【一段文章】 yí duàn wénzhāng　　a paragraph
【一段话】 yí duàn huà　　a passage from a speech
例：大会结束前,校长讲了一段话。

Chinese Measure Words without Tears

Dàhuì jiéshù qián, xiàozhǎng jiǎng le yí duàn huà.
Before the conference ended, Headmaster gave a short speech.

【一段历史】 yí duàn lìshǐ   a part of history

【一段音乐】 yí duàn yīnyuè   a piece of music

例:他们演奏的这段音乐是谁作的曲?
Tāmen yǎnzòu de zhè duàn yīnyuè shì shuí zuò de qǔ?
Who is the composer of that piece of music they are performing now?

【三段歌词】 sān duàn gēcí   three verses of a song

【两段相声】 liǎng duàn xiàngsheng   two comic dialogues

辨析:"段"和"截"都用在一段物件上。但是表示时间的名词,如"时间","日子"等,只用"段",不用"截";表示完整的事物,如"相声"等,只用"段",不用"截"。因为"截"是从动词"截断"转来的,所以,"半截话"等不能用"段"。

Comparison: Duàn and jié are all for objects. However, duàn is used for time words like shíjiān (time) and rìzi (date) and an integrated thing like xiàngshēng (crosstalk). Jié is transformed from jiéduàn (cut off; block), so jié of something like bàn jié huà (a uncompleted sentence) cannot be replaced by duàn.

堆 duī

用于成堆的物或成群的人 heap; pile; crowd：

☞词语：

【一堆人】　　yì duī rén　　a crowd of people
【一堆土】　　yì duī tǔ　　a dust heap
　　　　　　　例：快点儿把这堆土铲走。
　　　　　　　Kuài diǎnr bǎ zhè duī tǔ chǎn zǒu.
　　　　　　　Shovel this dust heap away quickly.
【一大堆书】　yí dà duī shū　　a large heap of books
【一堆衣服】　yì duī yīfu　　a pile of clothes
　　　　　　　例：洗衣机旁边放了一堆脏衣服。
　　　　　　　Xǐyījī pángbiān fàngle yì duī zāng yīfu.
　　　　　　　A pile of dirty clothes is set beside the washing machine.
【一小堆树叶】yì xiǎo duī shùyè　　a small pile of leaves

队 duì

用于成行列的人 people in rows：

☞词语：

【一队人马】　yí duì rénmǎ　　a troop
【一队学生】　yí duì xuésheng　　a row of students
　　　　　　　例：老师领着一队小学生过马路。

Chinese Measure Words without Tears

Lǎoshī lǐng zhe yí duì xiǎoxuéshēng guò mǎlù.
The teacher is leading a row of pupils across the road.

对 duì

表示成双的人或物 pair or couple：

☞ 词语：
【一对夫妻】　yí duì fūqī　　a married couple
【一对熊猫】　yí duì xióngmāo　　a pair of pandas
例：动物园里住着一对大熊猫和它们的孩子。
Dòngwùyuán lǐ zhùzhe yí duì dà xióngmāo hé tāmen de háizi.
A pair of pandas and their babies are living in the zoo.

【一对耳环】　yí duì ěrhuán　　a pair of earings
【一对沙发】　yí duì shāfā　　a pair of sofas
例：客厅里摆着一对小沙发和一个茶几。
Kètīng li bǎi zhe yí duì xiǎo shāfā hé yí gè chájī.
A pair of armchairs and a coffeetable are set in the living room.

【一对眼睛】　yí duì yǎnjing　　a pair of eyes
辨析：由于性别、正反、左右等配合成双数的人、动物、事物的用"对"；左右对称，成双使用的用"双"。
Comparison：Duì is used for two people, two animals and two objects matched by opposite sex or by position

and negation or by left and right sides; shuāng is for a pair in a good symmetry order.

顿 dùn

1. 用于饮食的次数 for meals:

☞词语:
【三顿饭】　　　sān dùn fàn　　three meals
【饱餐一顿】　　bǎo cān yí dùn　have a good meal
例：大家围在桌边饱餐了一顿。
Dàjiā wéi zài zhuō biān bǎo cān le yí dùn.
We all sat around the table and had a good meal.

2. 用于斥责、打骂、劝说的次数 for beating, scolding, trying to persuade etc.:

☞词语:
【打一顿】　　　dǎ yí dùn　　beat somebody up
例：人们抓住小偷后狠狠地打了他一顿。
Rénmen zhuāzhù xiǎotōu hòu hěnhěn de dǎ le tā yí dùn.
After people caught the thief, they gave him a sound beating.

【骂一顿】　　　mà yí dùn　　give a scolding
【说了他一顿】　shuō le tā yí dùn　give him a dressing down
例：因为他没写完作业就出去玩了，妈妈说了他

Chinese Measure Words without Tears

一顿。
Yīnwèi tā méi xiě wán zuòyè jiù chūqù wán le, māma shuō le tā yí dùn.
He hadn't finished his homework before he went out to play, so his Mom gave him a talking-to.

朵 duǒ

用于花朵和云彩或像它们的东西 for flowers, clouds or something like those:

☞词语:

【一朵鲜花】 yì duǒ xiānhuā   a flower

【几朵白云】 jǐ duǒ báiyún   several clouds

例:天空飘来几朵白云。
Tiānkōng piāo lái jǐ duǒ báiyún.
Several clouds are floating by in the sky.

【一朵棉花】 yì duǒ miánhua   a cotton ball

【无数朵水花】 wúshù duǒ shuǐhuā   countless sprays

例:水里溅起无数朵水花。
Shuǐ li jiàn qǐ wúshù duǒ shuǐhuā.
Countless sprays spouted from the water.

发 fā

用于武器的弹药数 for bullets, shells:

☞ 词语:

【三百发子弹】　sānbǎi fā zǐdàn　　300 rounds of ammunition
【十发炮弹】　　shí fā pàodàn　　　ten shells

例:我军上千发炮弹轰向敌人阵地。
Wǒ jūn shàng qiān fā pàodàn hōng xiàng dírén zhèndì.
Thousands of shells from our side poured on enemy-held territory.

番 fān

1. 种类,数词限用"一" kind, only the numeral "one" can be used:

☞ 词语:

【一番和平景象】　yì fān hépíng jǐngxiàng　　a peaceful scenery
【这番好意】　　　zhè fān hǎoyì　　such kindness
【一番心情】　　　yì fān xīnqíng　　an altogether different feeling
【一番苦心】　　　yì fān kǔxīn　　all the troubles and pains (taken for a good cause)

例:为抚养这两个孩子,她的一番苦心只有自己知道。

Chinese Measure Words without Tears

Wèi fǔyǎng zhè liǎng gè háizi, tā de yì fān kǔxīn zhǐyǒu zìjǐ zhīdào.

The great pains and troubles taken to raise these two children are known only to herself.

2. 计量动作的次数 for actions:

☞ 词语:

【考察一番】　　kǎochá yì fān　　do some inspecting
例:在正式聘用他之前,公司打算认真考察一番。
Zài zhèngshì pìnyòng tā zhī qián, gōngsī dǎsuàn rènzhēn kǎochá yì fān.
The company intended to observe him before hiring him.

【三番五次】　　sān fān wǔ cì　　time and again

【下了一番功夫】　xià le yì fān gōngfu　　have put in a lot of time and effort

【经过几番风雨】　jīngguò jǐ fān fēngyǔ　　endure all the trials and hardships, taken for a good cause
例:走了七八天,经过几番风雨,才到了目的地。
Zǒu le qī bā tiān, jīngguò jǐ fān fēngyǔ, cái dào le mùdì dì.
Only after a whole week's walking, enduring trials and hardship, did we reach our destination.

3. 倍数 for times：

☞词语：

【产量翻一番】 chǎnliàng fān yì fān   output is doubled

例：这家工厂一年产量翻了两番。
Zhè jiā gōngchǎng yì nián chǎnliàng fān le liǎng fān.

The output of this factory quadrupled in one year.

【任务加一番】 rènwù jiā yì fān   the task is doubled

方 fāng

1. 常用于方形的东西 for square things：

☞词语：

【一方腊肉】 yì fāng làròu   a chunk of bacon
【一方砚台】 yì fāng yàntai   an ink-stone

例句：他特地从广东带了几方端溪砚台回来。
Tā tèdì cóng Guǎngdōng dài le jǐ fāng Duānxī yàntai huílái.

He brought some Duanxi ink-stones back from Guangdong especially.

2. 平方米或立方米的简称 short for square meter or cubic meter：

☞词语：

【五十方木材】 wǔshí fāng mùcái   50 cubic meters of lumber

Chinese Measure Words without Tears

【几百方砂石】	jǐ bǎi fāng shāshí	hundreds of cubic meters of sandstone
【三千方土】	sān qiān fāng tǔ	3,000 cubic meters of soil

例：这项工程要挖去三千多方土。
Zhè xiàng gōngchéng yào wā qù sānqiān duō fāng tǔ.
More than 3,000 cubic meters of soil will be excavated in this project.

房 fáng

指家族中的分支（仅限于儿媳、孙媳，或多妻制时用于妻妾）only used for daughter-in-law, granddaughter-in-law and concubines in old times.

☞词语：

【两房儿媳妇】	liǎng fáng ér xífù	two daughters-in-law
【长房】	zhǎng fáng	the wife of the eldest son in a family

例：她有三房儿媳妇，长房的姓费。
Tā yǒu sān fáng ér xífù, zhǎngfáng de xìng Fèi.
She has three daughters-in-law, and the wife of the eldest son is surnamed Fei.

53

分 fēn

1. 时间单位。60 秒 = 1 分(钟), 60 分 = 1 小时 a unit of time, 60 seconds = 1 minute, 60 minutes = 1 hour：

☞词语：

【差十分九点】 chà shí fēn jiǔ diǎn   ten to nine

2. 中国货币单位。10 分 = 1 角(毛), 10 角 = 1 元(块) a fractional unit of money in China, 10 fen = 1 jiao (mao), 10 jiao = 1 yuan (kuai)：

☞词语：

【五分钱】 wǔ fēn qián   five fen

例：一斤苹果三块七毛五分。
Yì jīn píngguǒ sān kuài qī máo wǔ fēn.
Apple is 3.75 yuan per jin.

3. 土地面积 10 分 = 1 亩, 1 分 = 6 平方丈 a unit of area, 60 fen = 1 mu, 1 fen = 6 square zhang：

☞词语：

【三亩六分田】 sān mǔ liù fēn tián   field as large as 3 mu 6 fen

例：这块稻田四亩三分。
Zhè kuài dàotián sì mǔ sān fēn.
This rice field is as large as 4 mu 3 fen.

Chinese Measure Words without Tears

4. 长度 10 分 = 1 寸, 10 寸 = 1 尺, 1 米 = 3 尺 **a unit of length, 10 fen = 1 cun, 10 cun = 1 chi, 1 meter = 3 chi**:

☞ 词语:

【三尺五分】 sān chǐ wǔ fēn   3 chi 5 fen

例: 他的裤长是三尺二寸五分。
Tā de kùcháng shì sān chǐ èr cùn wǔ fēn.
The outside length of his trousers is 3 chi 2 cun 5 fen.

5. 分数 **fraction**:

☞ 词语:

【三分之一】 sān fēn zhī yī   one-third
【百分之三十】 bǎi fēn zhī sānshí   thirty per cent

例: 产品合格率是百分之九十八点七。
Chǎnpǐn hégélǜ shì bǎifēn zhī jiǔshíbā diǎn qī.
The product quality standard is 98.7 %.

6. 弧或角度 60 秒 = 1 分, 60 分 = 1 度 **minute (of angle or arc), 60 seconds = 1 minute, 60 minutes = 1 degree**

☞ 词语:

【九十度五分】 jiǔshí dù wǔ fēn   90 degrees 5 minutes

例: 这个角是四十五度三分。
Zhè gè jiǎo shì sìshíwǔ dù sān fēn.
This angle is 45 degrees 3 minutes.

55

7. （学校或运动会）计算成绩，（学校）常以一百分为满分 point, mark (at school or sports meet); (at school) a full mark is normally scored a hundred points:

例句:1. 小明五门功课成绩都是一百分。
　　　Xiǎo Míng wǔ mén gōngkè chéngjì dōushì yìbǎi fēn.
　　　Xiao Ming got full marks for all those five subjects.
　　2. 王涛投篮投中了，得二分。
　　　Wáng Tāo tóu lán tóu zhòng le, dé èr fēn.
　　　Wang Tao scored two points with a good shot at the basket.

8. 经纬度 for longitude and latitude:

☞词语:

【北纬32度14分】　běiwěi sānshí èr dù shí sì fēn　　32 degrees 14 minutes North latitude

【东经64度零6分】　dōngjīng liùshí sì dù líng liù fēn　　64 degrees 6 minutes East longitude

例:这个岛位于东经六十四度零六分。
　Zhè ge dǎo wèi yú dōngjīng liùshísì dù líng liù fēn.
　This island lies at 64 degrees 6 minutes East longitude.

9. 利率。年利一分是十分之一。Interest rate (The annual interest is 10%.):

☞词语:

Chinese Measure Words without Tears

【年利二分五】　nián lì èr fēn wǔ　　25% interest a year
例：他以年利三分的利率借到一笔款。
Tā yǐ nián lì sān fēn de lìlǜ jiè dào yì bǐ kuǎn.
He got a loan with 30% annual interest.

份　fèn

1. 整体分成的部分 for parts, portions of a whole：

☞词语：
【一份遗产】　yí fèn yíchǎn　　an inheritance
【分成三份】　fēn chéng sān fèn　　divide into three portions
例：把礼品分成四份，每人一份。
Bǎ lǐpǐn fēn chéng sì fèn, měi rén yí fèn.
Divide the presents into four portions, one per person.

2. 不同部分组成的整体 for a set of things, a whole composed of different parts：

☞词语：
【一份套餐】　yí fèn tàocān　　one set meal
例：这里的配餐是五十元一份。
Zhèlǐ de pèicān shì wǔshí yuán yí fèn.
The set meals here are 50 yuan each.
【一份茶点】　yí fèn chádiǎn　　a serving of tea and pastries

57

汉语量词学习手册

3. 指报刊、文件等 for newspapers, magazines, periodicals, documents, ect.：

☞词语：

【一份《人民日报》】　yí fèn《Rénmín Rìbào》　a copy of "People's Daily"

【一份内部文件】　yí fèn nèibù wénjiàn　a restricted document

【一份报纸】　yí fèn bàozhǐ　a piece of newspaper

例：阅览室里有一百多份报纸。
Yuèlǎnshì lǐ yǒu yìbǎi duō fèn bàozhǐ.
There are over 100 different newspapers in the readingroom.

4. 指抽象的事物，如思想感情等 for certain nonphysical things (such as thoughts and feelings)：

☞词语：

【一份悲哀】　yí fèn bēiāi　a feeling of sorrow

【一份喜悦】　yí fèn xǐyuè　a feeling of joy

例：她静静地坐着，一份喜悦涌上心头。
Tā jìngjìng de zuò zhe, yí fèn xǐyuè yǒng shàng xīntóu.
She was sitting still with a feeling of joy in her heart.

Chinese Measure Words without Tears

封 fēng

用于封起口来的东西 for something enveloped and sealed:
☞ 词语：
【一封信】　yì fēng xìn　　a letter
例：小张一天就收到了四封信。
Xiǎo Zhāng yì tiān jiù shōu dào le sì fēng xìn.
Xiao Zhang received four letters in just one day.
【两封电报】　liǎng fēng diànbào　　two telegrams

峰 fēng

用于骆驼 for camels:
例句：他家有八峰骆驼。
Tā jiā yǒu bā fēng luòtuo.
His family has eight camels.

幅 fú

1. 布料、毛料等的宽度 for widths of cotton or woolen cloth:
☞ 词语：
【窄幅】　zhǎi fú　　narrow width

59

【双幅】　　　shuāng fú　　　double width
【宽幅】　　　kuān fú　　　extra width
　　　　　　例：她用两米宽幅布做了窗帘。
　　　　　　Tā yòng liǎng mǐ kuān fú bù zuò le chuānglián.
　　　　　　She made a curtain with 2 meters of extra width cloth.

2. 用于字画、摄影作品 for paintings, calligraphy, photographs：
☞词语：
【一幅山水画】　　yì fú shānshuǐ huà　　　a landscape painting
　　　　　　例：他用半天时间画了两幅山水画。
　　　　　　Tā yòng bàntiān shíjiān huà le liǎng fú shānshuǐ huà.
　　　　　　It took him half a day to finish two landscape paintings.
【一幅人物肖像】　yì fú rénwù xiāoxiàng　　a portrait

3. 用于旗帜、刺绣等 for banner or embroidery：
☞词语：
【一幅湘绣】　　yì fú xiāngxiù　　　a Hunan embroidery
　　　　　　例：王先生送给他一幅湘绣被面。
　　　　　　Wáng xiānsheng sòng gěi tā yì fú xiāngxiù bèimiàn.
　　　　　　Mr. Wang presented him with a Hunan embroidery quilt cover.

Chinese Measure Words without Tears

4. 用于景象、画面 for sceneries, pictures:

☞ 词语:

【一幅画面】　　yì fú huàmiàn　　　a picture

例: 走在山水之间，真像一幅"人在画中游"的画面。
Zǒu zài shān shuǐ zhī jiān, zhēn xiàng yì fú "rén zài huà zhōng yóu" de huàmiàn.
Walking among the water and mountains is just like being in a picture.

副　fù

1. 配成套的东西 for a pair or a set of things:

☞ 词语:

【一副耳环】　　yí fù ěrhuán　　　a pair of earings

例: 她每天都换一副耳环。
Tā měitiān dōu huàn yí fù ěrhuán.
Everyday she has a new pair of earrings.

【一副手套】　　yí fù shǒutào　　　a pair of gloves
【一副象棋】　　yí fù xiàngqí　　　a chessboard and a set of chessmen
【一副钓鱼竿】　yí fù diàoyúgān　　a set of fishing rods

例: 他预备好一副钓鱼竿，周末去钓鱼。
Tā yùbèi hǎo yí fù diàoyúgān, zhōumò qù diào yú.

He has got a set of fishing rods ready and plans to go fishing on the weekends.

2. 用于楹联 for principal columns or pillars of a hall:

☞词语:

【一副对联】　yí fù duìlián　　an antithetical couplet (written on scrolls)

例:中国的风景名胜,常用几副对联点缀。

Zhōngguó de fēngjǐng míngshèng, cháng yòng jǐ fù duìlián diǎnzhuì.

The scenic spots in China are often decorated with several wonderful antithetical couplets.

3. 指人的相貌或表情 for facial expression:

☞词语:

【一副可怜相】　yí fù kělián xiàng　　put on a miserable look

例:他装出一副可怜相,希望得到大家的同情。

Tā zhuāngchū yí fù kělián xiàng, xīwàng dédào dàjiā de tóngqíng.

He has a pitiable look and hopes to be pitied by everyone.

【一副笑脸】　yí fù xiào liǎn　　a smiling face

例:看见老板夫人进来,他赶紧露出一副笑脸。

Kànjiàn lǎobǎn fūrén jìnlái, tā gǎnjǐn lùchū yí fù xiào liǎn.

Seeing the boss' wife coming, he smiled immediately.

Chinese Measure Words without Tears

【一副……的样子】 yí fù... de yàngzi   look.... (adj.)

4. 用于中药 for Chinese herbal medicines：

☞词语：

【一副汤药】 yí fù tāngyào   a decoction of herbal medicine

例：他的病不厉害，吃了三副汤药就好了。
Tāde bìng bú lìhai, chīle sān fù tāngyào jiù hǎo le.
He was not so ill and alright after only three decoctions of Chinese herbal medicines.

服 fù

用于中药,剂 for Chinese herbal medicines：

☞词语：

【一服汤药】 yí fù tāngyào   a decoction of herbal medicine

杆 gǎn

1. 用于细长像棍子的器物（有的也可以用"根"）for long, thin, stick-like objects ("gēn" is also used for some objects)：

☞词语：

【一杆旱烟袋】 yì gǎn hànyāndài   a long-stemmed Chinese pipe

例：老大爷腰里常别着一杆旱烟袋。

Lǎo dàye yāo lǐ cháng bié zhe yì gǎn hànyāndài.
　　　　　　　　The old man often carries his long-stemmed pipe fastened to his waist.
【两杆秤】　　liǎng gǎn chèng　　two steelyards

2. 用于轻武器 for light armaments：

☞词语：
【一杆枪】　　yì gǎn qiāng　　a rifle
　　　　例：一杆枪，一匹马，是鄂伦春人过去狩猎生活的写照。
　　　　Yì gǎn qiāng, yì pǐ mǎ, shì Èlúnchūn rén guòqù shòuliè shēnghuó de xiězhào.
　　　　One rifle, one horse, and they formed a portrait of Elunchun people in their past hunting lives.

3. 带杆的旗帜 for banners with their poles：

☞词语：
【一杆红旗】　　yì gǎn hóngqí　　a red flag

个 gè

通用的个体量词 used extensively
1. 用于没有专用量词的人和物 for objects without special measure words of their own：

☞词语：

Chinese Measure Words without Tears

【一个朋友】	yí gè péngyǒu	a friend
【两个老头儿】	liǎng gè lǎotóur	two old men
【几个苹果】	jǐ gè píngguǒ	some apples
【一个坏蛋】	yí gè huàidàn	a bastard / scoundrel
【一个鼻子】	yí gè bízi	a nose
【两个流氓】	liǎng gè liúmáng	two hooligans

例：警察抓住了两个流氓。
Jǐngchá zhuā zhù le liǎng gè liúmáng.
The policemen caught two hooligans.

2. 用于专用量词以前或代替一些专用量词 **in front of some proper measure words or used to replace certain measure words**：

☞ 词语：

【三个多月】　sān gè duō yuè　　more than three months
【一个星期】　yí gè xīngqī　　a week
　　　例：小张出国两个星期了。
　　　Xiǎo Zhāng chū guó liǎng gè xīngqī le.
　　　Xiaozhang has been abroad for two weeks.
【两个账本】　liǎng gè zhàngběn　　two accountbooks（专用量词是"本""Běn" is the special measure word）
【三个桌子】　sān gè zhuōzi　　three tables（专用量词是"张""Zhāng" is the special measure word.）

3. 用于抽象名词 **for abstract things**：

☞ 词语：

【一个主意】　yí gè zhǔyi　　an idea
【一个结果】　yí gè jiéguǒ　　a result

例：关于任命谁担任总经理的事终于有了一个结果。
Guānyú rènmìng shuí dānrèn zǒng jīnglǐ de shì zhōngyú yǒu le yí gè jiéguǒ.
There is finally a result about who is going to be the general manager.

【几个因素】 jǐ gè yīnsù　　some factors
【一个设想】 yí gè shèxiǎng　　a tentative idea
例：他提出了一个大胆的设想。
Tā tíchū le yí gè dàdǎn de shèxiǎng.
He put forward a bold tentative idea.

4. 用于突然或快速的动作前 for sudden or quick actions：

☞词语：
【一个箭步蹿上去】 yí gè jiànbù cuān shàngqù　　leap up with a sudden big stride forwards
【一个跟头栽下来】 yí gè gēntou zāi xiàlái　　tumble off with a sudden fall
例：因为没站稳，他从椅子上一个跟头栽了下来。
Yīnwèi méi zhànwěn, tā cóng yǐzi shang yí gè gēntou zāi le xiàlái.
He didn't stand stable on the chair and fell off it.

【一个霹雳】 yí gè pīlì　　a thunderclap
例：他听到这句话，如同头上响了一个霹雳。
Tā tīng dào zhè jù huà, rútóng tóu shang xiǎng le yí gè pīlì.
This information was a thunderclap over-

Chinese Measure Words without Tears

head to him.

5. 用于动词和表示约数的词语之间 between a verb and approximate numbers：

☞词语：

【雨下个十天半月】 Yǔ xià gè shí tiān bàn yuè.
It has been raining for a dozen of days.

【出个三长两短】 chū gè sān cháng liǎng duǎn (if) anything untoward happened

【要个四五盘菜】 yào gè sì wǔ pán cài   to order sereral dishes

【吃个四五十天】 chī gè sì wǔ shí tiān   (food) can see somebody through 6 to 7 weeks

例：这些米够吃个四五十天。
Zhè xiē mǐ gòu chī gè sì wǔ shí tiān.
This rice can see us through 6 to 7 weeks.

6. 用于动词和名词性宾语之间 between a verb and it's substantive object：

☞词语：

【住个好房】 zhù gè hǎo fáng   to live in a good house
【有个习惯】 yǒu gè xíguàn   to have a habit
【娶个媳妇】 qǔ gè xífù   to marry a woman
【占个位置】 zhàn gè wèizhì   to take a seat; to occupy a position

例：他来得早，占了个好位置。
Tā lái de zǎo, zhàn le gè hǎo wèizhì.

67

He came early and got a good seat.

7. 用于动词和补语之间，表示完全或满足 between a verb and it's complement to indicate thoroughness

☞词语：

【吃个饱】	chī ge bǎo	(somebody) get full
【说个清楚】	shuō ge qīngchu	to give a clear explanation
【洗个干净】	xǐ ge gānjìng	do some thorough washing
【玩个痛快】	wánr ge tòngkuài	to have an extremely good time

例：周末到郊区玩个痛快。
Zhōumò dào jiāoqū wánr ge tòngkuài.
Let's have a great time outing on the weekend.
辨析：见"口"。See "kǒu".

根 gēn

原指植物的根 Originally refer to the root of plants

1. 用于带根的菜类（一般也可以用"棵"，但是细的只能用"根"）for vegetables with visible root (generally the measure word "kē" also can be used, but "gēn" is the only choice for thin objects):

☞词语：

【一根大葱】	yì gēn dàcōng	a scallion
【一根韭菜】	yì gēn jiǔcài	a Chinese chive
【两根豆芽】	liǎng gēn dòuyá	two pieces of bean sprouts
【几根胡萝卜】	jǐ gēn húluóbo	several carrots

Chinese Measure Words without Tears

例：她买了几根胡萝卜和三根葱。
Tā mǎi le jǐ gēn húluóbo hé sān gēn cōng.
She bought some carrots and three scallions.

2. 用于毛发类 for hair and fur：

☞词语：

【几根头发】　　jǐ gēn tóufa　　　a few hairs
　　　　　　　例：他的头发已经基本脱落，只剩下后面的几根了。
　　　　　　　Tā de tóufa yǐjīng jīběn tuōluò, zhǐ shèngxià hòumiàn de jǐ gēn le.
　　　　　　　His hair has almost totally fallen out and there are only a few hairs left on the back of his head.
【一根毛线】　　yì gēn máoxiàn　　a thread of knitting-wool
【一根胡须】　　yì gēn húxū　　　a whisker

3. 用于长形的东西 for long objects：

☞词语：

【一根钢轨】　　　yì gēn gāngguǐ　　　a steel rail
【一根原木】　　　yì gēn yuánmù　　　a log
【一根无缝钢管】　yì gēn wúfèng gāngguǎn　　a seamless steel tube
【一根蜡烛】　　　yì gēn làzhú　　　a candle
【一根枕木】　　　yì gēn zhěnmù　　a crosstie
　　　　　　　　例：他们四个人抬来了一根旧枕木。
　　　　　　　　Tāmen sì gè rén tái lái le yìgēn jiù zhěnmù.
　　　　　　　　They four carried an old crosstie here.

4. 用于细长的东西（有＊号的也可以用"条"）for long and thin objects (for the objects with ＊, the measure word "Tiao" also can be used.)

☞词语：

＊【一根绳子】　yì gēn shéngzi　　a rope
例：他用一根绳子把一摞旧报纸捆了起来。
Tā yòng yì gēn shéngzi bǎ yí luò jiù bàozhǐ kǔn le qǐlái.
He corded up the used newspaper.

【一根筷子】　yì gēn kuàizi　　a chopstick
例：这儿还少一根筷子。
Zhèr hái shǎo yì gēn kuàizi.
One chopstick is still missing.

【一根火柴】　yì gēn huǒchái　　a match
＊【两根黑辫子】　liǎng gēn hēi biànzi　　two black braids
【一根麦穗】　yì gēn màisuì　　a stalk of wheat
例：麦收时，孩子们到地里拾起一根一根的麦穗。
Màishōu shí, háizimen dào dìli shí qǐ yì gēn yì gēn de màisuì.
At the wheat harvest, children came into the field and picked the stalks of wheat up one by one.

辨析：蔬菜的根须及动物的毛发用"根"，不用"条"。"条"使用范围较宽。长形较宽的，如"河流"、"马路"、"裤子"等，只用"条"，不用"根"。
Comparison：Gēn is for the roots of vegetables and the hair of animals; tiáo is used more widely. Something long and wide like héliú (river), mǎlù

Chinese Measure Words without Tears

(road) and kùzi (trousers) are measured by tiáo not gēn.

股 gǔ

1. 用于成条的东西 for strand-like objects:

☞ 词语：
【一股泉水】 yì gǔ quánshuǐ　　a stream of spring water
例：几股泉水流到山下，汇成一条河。
Jǐ gǔ quánshuǐ liú dào shān xià, huì chéng yì tiáo hé.
Several streams of spring water flow down to the foot of the mountain and form a river.

【一股鲜血】 yì gǔ xiānxuè　　a stream of blood
【一股毛线】 yì gǔ máoxiàn　　a skein of knitting-wool
【两股道】　 liǎng gǔ dào　　　two paths
例：上山有两股道。
Shàng shān yǒu liǎng gǔ dào.
There are two paths that go up the mountain.

2. 用于气体、气味、力气等 for air, smell, strength, etc.:

☞ 词语：
【一股香味儿】 yì gǔ xiāng wèir　　a whiff of fragrance
【一股冷风】　 yì gǔ lěngfēng　　　a cold wind
例：门一开，一股冷风钻了进来。

Mén yì kāi, yì gǔ lěng fēng zuān le jìnlái.
A gust of cold wind came in when the door was opened.

【一股猛劲儿】 yì gǔ měng jìnr　　a sudden burst of energy

3. 用于成批的人（derogatory) for a group of people：

☞词语：

【几股土匪】 jǐ gǔ tǔfěi　　several gangs of bandits
【一股敌军】 yì gǔ díjūn　　a horde of enemy soldiers
【一股难民】 yì gǔ nànmín　　a group of refugees

例：东面逃来了一股难民。
Dōngmiàn táo lái le yì gǔ nànmín.
Here fled a group of refugees from the east.

挂　guà

用于不同部分连起来或串起来组成的东西 for a set or string of things composed of individual parts

☞词语：

【一挂大车】 yí guà dàchē　　a horse and cart
【一挂鞭炮】 yí guà biānpào　　a string of firecrackers
【一挂脆枣】 yí guà cuìzǎo　　a strand of green jujubes

Chinese Measure Words without Tears

管 guǎn

用于细长圆筒形的东西 tube, for things in the shape of a long, hollow cyllinder:

☞词语:
【两管牙膏】　liǎng guǎn yágāo　　two tubes of toothpaste
【一管毛笔】　yì guǎn máobǐ　　a tube of writing brush

行 háng

1. 用于成行的人 for people in lines:
例句:1. 同学们排成两行。
　　　Tóngxué men pái chéng liǎng háng.
　　　The students lined up in two lines.
　　2. 战士们一行行走过来了。
　　　Zhànshì men yì háng háng zǒu guòlái le.
　　　Here came the soldiers in lines.

2. 用于成行的动物和植物 for animals and plants in lines:
例句:1. 新栽的葱一行行的很好看。
　　　Xīn zāi de cōng yì háng háng de hěn hǎokàn.
　　　Those newlly grown scallions look so nice in lines.
　　2. 鸭子下水游成一行。
　　　Yāzi xià shuǐ yóu chéng yì háng.
　　　The ducks went into the water and swam into a line.

3. 用于成行的其它事物 for other objects in lines：

例句：稿纸每页有二十行。

Gǎozhǐ měi yè yǒu èrshí háng.

This kind of draftpaper contains twenty lines per page.

☞词语：

【两行眼泪】　liǎng háng yǎnlèi　　two streams of tears

例：两行晶莹的眼泪流了下来。

Liǎng háng jīngyíng de yǎnlèi liú le xiàlái.

Glistening tears rolled down.

【一行诗】　yì háng shī　　a line of verse

号 hào

1. 用于人数 for people：

例句：1. 这屋住着十几号人。

Zhè wū zhù zhe shí jǐ hào rén.

A dozen people live in this room.

2. 出工的人有一百多号。

Chūgōng de rén yǒu yì bǎi duō hào.

Over a hundred people went to work today.

2. 指类别、等级，数词用"一" for kind, sort, class, only the numeral "one" can be used：

例句：这号人不好惹。

Zhè hào rén bù hǎo rě.

Such a person is not easy to get along with at all.

Chinese Measure Words without Tears

户 hù

用于人家 for households and families：

☞词语：
【五户居民】　wǔ hù jūmín　　five households
例：这个城市已经发展到十多万户居民。
Zhè ge chéngshì yǐjīng fāzhǎn dào shí duō wàn hù jūmín.
This city has already grown to more than a hundred thousand households.

【一户农民】　yí hù nóngmín　　a farmer family

回 huí

1. 计量行为的次数，有的也可以用"次" for times of taking an action, (the measure word "cì" also can be used for some actions)：

☞词语：
【看望一回朋友】　kànwàng yì huí péngyou
have called on a friend once

【吃一回涮羊肉】　chī yì huí shuànyángròu
have had the instant-boiled mutton once

【打几回交道】　dǎ jǐ huí jiāodào
have come into contract with somebody several times

75

【一回又一回地劝他】　yì huí yòu yì huí de quàn tā　　tried again and again to persuade him

2. 计量事情次数（有的也可以用"件"）for matters, (the measure word "Jiàn" also can be used for some matters)：

例句：好几回事碰到一起了。
　　　Hǎo jǐ huí shì pèng dào yìqǐ le.
　　　Quite a few different matters coincided with one another.

☞词语：
【有那么一回事】　yǒu nàme yì huí shì　　That is true.
【怎么回事】　zěnme huíshì　　Wha's all this about

3. 小说的章回 for chapters of a novel：

例句：1. 这本小说一共六十四回。
　　　Zhè běn xiǎoshuō yígòng liùshísì huí.
　　　This novel has 64 chapters.
　　　2.《红楼梦》前八十回是曹雪芹写的。
　　　《Hónglóumèng》qián bāshí huí shì Cáo Xuěqín xiě de.
　　　The first 80 chapters of "THE DREAM OF RED CHAMBERS" was written by Cao Xueqin.

伙 huǒ

用于人群 for crowd and groups of people：

例句：她不知道，原来他们是一伙的。
　　　Tā bù zhīdào, yuánlái tāmen shì yì huǒ de.

Chinese Measure Words without Tears

She did not know that they were pals all along.

☞ 词语:

【一伙年轻人】	yì huǒ niánqīng rén	a group of young people
【一伙商人】	yì huǒ shāngrén	a group of merchants
【一伙强盗】	yì huǒ qiángdào	a band of robbers

辨析:"群"、"帮"、"伙"都用于群体。"群"既可用于人,也可用于其它动物,如"一群羊";"伙"常用于贬义词,如"一伙强盗";"帮"前边的数词限于"一",可以加"大",如"一大帮年轻人"。

Comparison: Qún, bāng and huǒ are all for a group. Qún can be for people and for animals, e. g. yì qún yáng (a flock of sheep); huǒ is often negative, e. g. yì huǒ qiángdào (a gang of burglars); bāng is only preceded by yī (one) but can be added with dà (big), e. g. yí dà bāng niánqīng rén (a big group of young people).

级 jí

1. 计算台阶的级数 for steps of stairs:

例句:1. 每层楼有十五级台阶。
Měi céng lóu yǒu shíwǔ jí táijiē.
Each storey has 15 stepstairs.

2. 从盘山路走上去,有一千多级台阶。
Cóng pánshānlù zǒu shàngqù, yǒu yì qiān duō jí táijiē.
If you take the mountain-winding path, there are more

than 1,000 steps on the way to the top.

2. 计算人或物的等级 for degrees, ranks, scales：

☞ 词语：

【特级茶叶】 tè jí cháyè   sperfine tea
【五星级上将】 wǔ xīng jí shàngjiàng   Five-star General
【三星级饭店】 sān xīng jí fàndiàn   three-star hotel
【六级风】 liù jí fēng   force 6 wind

例：天气预报说：晚上有六级大风。
Tiānqì yùbào shuō: Wǎnshang yǒu liù jí dà fēng.
The weather forecast said that there would be a force 6 wind in the evening.

记 jì

用于动作（大半是猛烈的） for actions (violent most of the time)：

☞ 词语：

【一记劲射】 yí jì jìng shè

例：十四号运动员一记劲射，球应声入网。
Shísì hào yùndòngyuán yí jì jìng shè, qiú yìngshēng rù wǎng.
The player No.14 took a good shot. with this. the ball hit the goal.

【一记耳光】 yí jì ěrguāng   a slap in the face

Chinese Measure Words without Tears

剂 jì

用于中药 for Chinese herbal medicines：

📖 词语：
【一剂中药】　yí jì zhōngyào　　a dose of Chinese herbal medicine

家 jiā

1. 用于计算人家 for households, families：

例句：1. 这个村有三百多家人家。
　　　Zhè ge cūn yǒu sānbǎi duō jiā rénjiā.
　　　There are more than 300 households in this village.

2. 每家房顶上都飘起了炊烟。
　　Měi jiā fángdǐng shang dōu piāo qǐ le chuīyān.
　　Smoke is rising from chimneys of every family.

2. 用于企业、事业单位 for enterprises, establishments：

📖 词语：

【十六家银行】	shíliù jiā yínháng	sixteen banks
【八家饭店】	bā jiā fàndiàn	eight hotels
【二十多家出版社】	èrshí duō jiā chūbǎnshè	more than 20 publishing houses
【三家企业】	sān jiā qǐyè	three enterprises

例：这次活动由三家著名企业赞助。

Zhè cì huódòng yóu sān jiā zhùmíng qǐyè zànzhù.

This activity has got financial assistance from three well-known enterprises.

辨析:"户"只用于居民、农民等人家;"家"的使用范围比较广。

Comparison: Hù is just for residents or farmers and other kinds of households. Jiā's usage is wider in scope.

架 jià

1. 用于有支架或有机械的东西 for machines, airplanes and instruments which rest on a tripod or stand:

☞词语:
【五架飞机】 wǔ jià fēijī five planes
【两架钢琴】 liǎng jià gāngqín two pianos
例:舞台上摆放着两架三角钢琴。
Wǔtái shang bǎi fàng zhe liǎng jià sānjiǎo gāngqín.
Two triangle pianos are lying on the stage.
【一架葡萄】 yí jià pútáo a trellis of grapes
【几架屏风】 jǐ jià píngfēng several screens
【几架机器】 jǐ jià jīqì several machines
例:这家工厂新更换了十几架机器。
Zhè jiā gōngchǎng xīn gēnghuàn le shíjǐ jià jīqì.
This factory retooled changing 10-odd machines.

Chinese Measure Words without Tears

2. 方言中用于山（同"座"）for mountains in dialect (the same as "Zuò") :

☞ 词语：

【两架山】　　liǎng jià shān　　two mountains

间　jiān

用于房屋计数 for rooms：

☞ 词语：

【一间卧室】　　yì jiān wòshì　　a bedroom
　　　　　　　例：他家里有三间卧室。
　　　　　　　Tā jiā lǐ yǒu sān jiān wòshì.
　　　　　　　He has three bedrooms in his house.

【几间草房】　　jǐ jiān cǎofáng　　several straw sheds
【三间一套的房子】　sān jiān yí tào de fángzi　　a three-room flat

件　jiàn

1. 用于衣服（泛指或指上衣）for clothing, or for upper outer garments：

☞ 词语：

【两件衬衫】　　liǎng jiàn chènshān　　two shirts
　　　　　　　例：她给爱人买了两件完全一样的衬衣。

Tā gěi àirén mǎi le liǎng jiàn wánquán yíyàng de chènyī.

She bought two same shirts for her husband.

【一件皮大衣】 yí jiàn pí dàyī　　a leather overcoat
【一件羊绒衫】 yí jiàn yángróngshān　　a cashmere sweater

2. 用于文件、案件等 for documents, law cases, etc.:
☞词语:
【一件刑事案件】 yí jiàn xíngshì ànjiàn　　a criminal case
【一件特急件】 yí jiàn tè jí jiàn　　an extra urgent paper

例:一上班他就接到一件特急件。
Yí shàngbān tā jiù jiēdào yí jiàn tè jí jiàn.
He received an urgent dispatch just when he arrived in the office.

3. 用于一些个体事物　for matters in general:
☞词语:
【一件行李】 yí jiàn xíngli　　a piece of luggage
【一件礼品】 yí jiàn lǐpǐn　　a gift
【一件武器】 yí jiàn wǔqì　　a weapon
【一件农具】 yí jiàn nóngjù　　a farm tool
【几件家具】 jǐ jiàn jiājù　　several pieces of furniture

例:王太太为新居买了几件新家具。
Wáng tàitai wèi xīnjū mǎi le jǐ jiàn xīn jiājù.
Mrs. Wang bought several pieces of new furniture for her new house.

Chinese Measure Words without Tears

4. 用于抽象事情 for abstract things：

例句：这是一件大好事。
　　　Zhè shì yí jiàn dà hǎo shì.
　　　This is a great deed.

☞ 词语：

【一件小事】	yí jiàn xiǎo shì	a small matter
【几件愉快的往事】	jǐ jiàn yúkuài de wǎngshì	several pleasant past events

节　jié

1. 自然形成带节的东西 for something with joints nodes or knots by nature：

☞ 词语：

【几节竹子】	jǐ jié zhúzi	several lengths of bamboo
【三节骨头】	sān jié gǔtou	three bones
【五节车厢】	wǔ jié chēxiāng	five railway coaches

例：我不知道他乘坐的是第几节车厢。
　　Wǒ bù zhīdào tā chéngzuò de shì dì jǐ jié chēxiāng.
　　I don't know which carriage he is in.

【两节电池】	liǎng jié diànchí	two batteries
【几节藕】	jǐ jié ǒu	some lotus roots

例：她用两节藕做了一盘糖醋藕片。
　　Tā yòng liǎng jié ǒu zuò le yì pán tángcù ǒupiàn.
　　She made a sweet-sour sliced lotus roots with two

lotus roots.

2. 用于文章的段落，音乐的节拍 for passages of an article, beats of music：

例句：1. 这篇文章分三章七节。
Zhè piān wénzhāng fēn sān zhāng qī jié.
This article is divided into three chapters, seven sections.

2. 这段音乐有二十小节，每小节四拍。
Zhè duàn yīnyuè yǒu èrshí xiǎojié, měi xiǎojié sì pāi.
This piece of music contains 20 bars and each bar contains four beats.

3. 用于抽象事情的段落 for steps of abstract things：

例句：1. 物价节节升高。
Wùjià jié jié shēng gāo.
Prices rise step by step.

2. 生活节节改善。
Shēnghuó jié jié gǎishàn.
Living conditions improve step by step.

截 jié

1. 用于被截断的东西的一段 for severed objects, section, chunk, length：

☞词语：

Chinese Measure Words without Tears

【一截电线】　yì jié diànxiàn　　a length of wire
【一截树枝】　yì jié shùzhī　　a length of branch
【几截铁管子】　jǐ jié tiě guǎnzi　　some lengths of iron pipe
【几截木板】　jǐ jié mùbǎn　　several wooden planks; some boards

例：他用几截木板拼成一张桌子。
Tā yòng jǐ jié mùbǎn pīn chéng yì zhāng zhuōzi.
He knocked boards together to make a table.

2. 用于其它事物 for other objects：

例句：走了一截路就停了。
Zǒu le yì jié lù jiù tíng le.
Stopped half way.

☞词语：

【说了半截话】　shuō le bàn jié huà　　leave things only half said

辨析：见"段"。See "duàn".

届 jiè

用于定期的会议或毕业的班级等 session, for regular conference, graduating class, sports meet, term of office, etc.：

☞词语：

【第一届毕业生】　dì-yī jiè bìyèshēng　　the first graduates

例：我们几个人都是这个学校的第一届毕业生。
Wǒmen jǐ gè rén dōu shì zhè gè xuéxiào de dì-

yī jiè bìyèshēng.
All of us were the first graduation of this school.

【上届运动会】　shàng jiè yùndònghuì　　the last sports meeting

局 jú

下棋或其他比赛一次叫一局 game, set, innings, for a form of play:

☞词语:
【第一局】　　　　dì-yī jú　　the first game/set/innings
【五局乒乓球比赛】wǔ jú pīng-pāng qiú bǐsài　　five sets of table tennis

句 jù

用于语言单位 of sentence:

☞词语:
【三句话不离本行】sān jù huà bù lí běnháng　　can hardly open one's mouth without talking shop; talk shop all the time
【一句老实话】　　yí jù lǎoshi huà　　a word of truth
【一句废话】　　　yí jù fèihuà　　a word of nonsense; a non-

Chinese Measure Words without Tears

sense

例：王老师上课时只说与数学有关的事，从来不讲一句废话。

Wáng lǎoshī shàng kè shí zhǐ shuō yǔ shùxué yǒuguān de shì, cónglái bù jiǎng yí jù fèi huà.

Teacher Wang just talks about what is related to his teaching in class. He never has superfluous words in class.

【几句诗】 jǐ jù shī   several lines of verse

例：他在本子上写了几句诗。

Tā zài běnzi shang xiě le jǐ jù shī.

He wrote several lines of verse in the notebook.

卷 juǎn

原意是把东西卷起来。用于成卷的东西 originally used as a verb means "roll up", roll, spool, reel:

☞ 词语：

【一卷铺盖】 yì juǎn pūgai   a roll of bedding
【几卷图纸】 jǐ juǎn túzhǐ   some rolls of blueprint
【三卷山水画】 sān juǎn shānshuǐ huà   three scrolls of landscape paintings
【几卷电线】 jǐ juǎn diànxiàn   some reels of wire

例：他拿走了几卷电线。

87

Tā ná zǒu le jǐ juǎn diànxiàn.
He took some reels of wire away.

卷 juàn

用于书籍 chapter, section or volume; a rather ambiguous unit of book-division; for ancient test:

例句：这套丛书一共五十二卷。
Zhè tào cóngshū yígòng wǔshíèr juǎn.
This series contains 52 volumes in total.

☞词语：

【读万卷书】　　　　dú wàn juǎn shū　　read 10000 volumes
【《老舍文集》第三卷】《Lǎoshě Wénjí》dì sān juǎn　　volume 3 of "The Collected Works of Lao She"

棵 kē

多用于植物 usu. for plants:

☞词语：

【六棵向日葵】　liù kē xiàngrìkuí　　six sunflowers
【几棵柳树】　　jǐ kē liǔshù　　several willow trees
【一棵小草】　　yì kē xiǎo cǎo　　a blade / leaf of grass
【一棵红高粱】　yì kē hóng gāoliang　　a stalk of red Chinese sor-

88

Chinese Measure Words without Tears

【一棵枣树】　　ghum
　　　　　　　yì kē zǎoshù　　　a Chinese date tree
　　　　　　　例：窗外是一棵枣树。
　　　　　　　Chuāng wài shì yì kē zǎoshù.
　　　　　　　There is a Chinese date tree out of the window.

颗 kē

用于圆形或块状的东西 usu. for anything small and roundish：

☞词语：

【几颗珍珠】　　jǐ kē zhēnzhū　　　several pearls
【两颗瓜子】　　liǎng kē guāzǐ　　　two melon seeds
【一颗手榴弹】　yì kē shǒuliúdàn　　a grenade
【几颗沙子】　　jǐ kē shāzi　　　　some grains of sand
【一颗心】　　　yì kē xīn　　　　　a heart
【几颗星星】　　jǐ kē xīngxing　　　some stars
　　　　　　　例：天上有几颗星星在闪光。
　　　　　　　Tiān shang yǒu jǐ kē xīngxing zài shǎn guāng.
　　　　　　　A few stars are twinkling in the sky.
【一颗牙齿】　　yì kē yáchi　　　　a tooth
　　　　　　　例：他掉了一颗牙齿。
　　　　　　　Tā diào le yì kē yáchi.
　　　　　　　He lost a tooth.

汉语量词学习手册

刻 kè

用于时间 quarter of an hour:
1. 十五分钟＝一刻钟 fifteen minutes ＝ one quarter hour
☞词语:
【差一刻九点】　chà yí kè jiǔ diǎn　　a quarter to nine
【三点一刻】　sān diǎn yí kè　　a quarter past three

2. 泛指时间 make a general reference to time:
☞词语:
【一刻值千金】　yí kè zhí qiān jīn　　every minute is precious
【关键的一刻】　guānjiàn de yí kè　　the vital moment
　　　　　　　例:他在关键的一刻赶到了。
　　　　　　　Tā zài guānjiàn de yí kè gǎn dào le.
　　　　　　　He arrived at the vital moment.

口 kǒu

1. 用于计算人数(家庭、城市、村镇) for family members, populations in a city or village:
例句:1. 他家五口人。
　　　Tā jiā wǔ kǒu rén.
　　　He has a family of five.
　　2. 这个村有九百多口人。
　　　Zhè gè cūn yǒu jiǔ bǎi duō kǒu rén.

Chinese Measure Words without Tears

There are more than 900 people living in this village.

☞ 词语：

【小两口儿】 xiǎo liǎng kǒur　　a young couple

2. 用于计算猪 for pigs：

☞ 词语：

【三口猪】 sān kǒu zhū　　three pigs

3. 用于有口或有刃的东西 for something with an opening of a blade; most of the time for knives and large suitcases：

☞ 词语：

【两口宝刀】 liǎng kǒu bǎodāo　　two rare knives

【一口皮箱】 yì kǒu píxiāng　　a leather suitcase

4. 与口腔有关的 for something associated with the mouth：

☞ 词语：

【一口好牙】 yì kǒu hǎo yá　　a mouth of good teeth

例：奶奶已经60多了，还有一口好牙。
Nǎinai yījīng liù shí duō le, hái yǒu yì kǒu hǎo yá.
My granny is already over sixty, but she still has good teeth.

【喘一口长气】 chuǎn yì kǒu cháng qì　　take a long breath

5. 用于吃、喝的计量 for quantity of eating or drinking：

☞ 词语：

【喝一大口】 hē yí dà kǒu　　take a good drink

【咬一口饼干】 yǎo yì kǒu bǐnggān　　bite a biscuit

6. 说明语言,数词限用"一" for languages, only the numeral "one" can be used:

☞ 词语:

【一口上海话】 yì kǒu Shànghǎi huà　typical Shanghai dialect spoken by somebody

例:他说的是一口上海话,我们一句也听不懂。
Tā shuō de shì yì kǒu Shànghǎi huà, wǒmen yí jù yě tīngbudǒng.

He speaks Shanghai dialect. We can't understand him, even a word.

【满口京腔】 mǎn kǒu jīng qiāng　excellent Beijing dialect

辨析:"口"用于人时,只用于一个单位(家、村、市)的人数;"位"一般用于尊敬的人(先生、小姐、客人等);"个"用得比较普遍。

Comparison: kǒu refers to the number of people in one unit (e.g. one family, one village and one city); wèi for respected people (e.g. Mr., Ms. and guests); and gè is used commonly.

块　kuài

1. 用于人民币,相当于"元" for Renminbi, the same as "yuan":

☞ 词语:

【二十三块五毛六分】 èrshísān kuài wǔ máo liù fēn　23.56 yuan

Chinese Measure Words without Tears

2. 用于块状或片状的东西 piece, lump：

☞ 词语：

【两块香皂】	liǎng kuài xiāngzào	two cakes of soap
【一块手表】	yí kuài shǒubiǎo	a wrist watch
【几块布】	jǐ kuài bù	several pieces of cloth
【几块蛋糕】	jǐ kuài dàngāo	some pieces of cake
【两块水田】	liǎng kuài shuǐtián	two paddy fields

辨析：见"枚"。See "méi".

捆 kǔn

用于捆绑在一起的东西 for something bundled up：

☞ 词语：

【一捆菠菜】	yì kǔn bōcài	a bunch of spinach
【两捆柴火】	liǎng kǔn cháihuo	a bundle of firewood
【几捆报纸】	jǐ kǔn bàozhǐ	some bundles of newspaper

辨析："捆"多用于捆扎起来较宽、粗的物体，如"一捆柴火"；"束"多用于较纤细的物体，如"一束鲜花"。"束"可以用于未捆扎的或不能捆扎的东西，如"光线"，"捆"则不能。

Comparison: kǔn is for a considerable amount in width, e.g. yì kǔn cháihuo (a bunch of firewood); shù for objects in a slim and long shape, e.g. yí shù xiānhuā (a bunch of flowers). Shù is also used for something which has not been tied or cannot be tied, e.

g. guāngxiàn (ray).

类 lèi

用于人或事物的等级或种类 kind, type, class, category：

例句：1. 仓库里有六类物品。
　　　　Cāngkù li yǒu liù lèi wùpǐn.
　　　　There are six kinds of goods in the storehouse.
　　　2. 学生按健康情况分三类。
　　　　Xuésheng àn jiànkāng qíngkuàng fēn sān lèi.
　　　　Students are classified into three levels, according to their health.

粒 lì

用于小碎块状的东西 for grainlike things, grain, pellet：

📖 词语：
【一粒米】　　yí lì mǐ　　　　a grain of rice
【一粒盐】　　yí lì yán　　　　a grain of salt
【一粒黄豆】　yí lì huángdòu　　a soybean

辨析："粒"和"颗"都用来计量小碎块状的东西。有时可以通用，如米、豆等；但是大一些的东西如手榴弹、(人)头、心等，只能用"颗"。

Comparison: Both lì and kē could be used for little

Chinese Measure Words without Tears

grainlike objects such as grains of rice, beans. But kē is the only choice for much bigger ones like grenades, heads, hearts, etc.

辆 liàng

用于车辆计数 for vehicles：

☞ 词语：

【三辆自行车】 sān liàng zìxíngchē　　three bicycles
【一辆大卡车】 yí liàng dà kǎchē　　a truck

辨析：火车用"列"、"节"计数，不用"辆"。
Comparison: For trains, liè and jié are used as measure words.

列 liè

用于火车或成排的人和物 for trains and for a series or row of things：

☞ 词语：

【一列客运火车】 yí liè kèyùn huǒchē　　a passenger train
【一列白杨树】 yí liè báiyángshù　　a row of poplar trees

辨析："行"和"列"都指排成行的人或物，但是"行"多指竖行，"列"多指横行。

Comparison: Both háng and liè could be used for people / objects in line / row. Generally háng refers to a vertical line and liè refers to a horizontal line.

流 liú

用于人或事物的品级 class, rate, grade:

☞词语：
【一流影院】　yī liú yǐngyuàn　　first-class theater / cinema
【三流演员】　sān liú yǎnyuán　　third-grade actor

绺 liǔ

用于丝、麻、毛、头发、胡须等细丝状东西顺着聚在一起 for thread, hair, etc.:

☞词语：
【三绺胡须】　sān liǔ húxū　　three locks of beard
【一绺毛线】　yì liǔ máoxiàn　　a skein of wool
【几绺丝带】　jǐ liǔ sīdài　　some silk ribbons

Chinese Measure Words without Tears

溜 liù

用于成排的人或物 line, column, row:
例句:人们坐成一溜。
Rénmen zuò chéng yí liù
People are seated in a row.

☞词语:
【一溜房子】　　yí liù fángzi　　a row of houses
【一溜红灯笼】　yí liù hóng dēnglong　　a row of red lanterns
例:商店门口挂起一溜红灯笼。
Shāngdiàn ménkǒu guà qǐ yí liù hóng dēnglong.
A row of red lanterns are hung up at the doorway of the shop.
辨析:"溜"、"排"都可以指成排的事物,但是排列整齐、左右横列的,如:"牙齿"等只能用"排",不能用"溜"。
Comparison: Liù and pái both can refer to things in a row, but for things in a good horizontal order, like "yáchǐ(teeth)" pái is the only choice.

垄 lǒng

用于农作物的行数或耕地的田埂 ridge (in a field):
☞词语:

【五垄豆子】 wǔ lǒng dòuzi　　five strips of soybeans
【几垄大葱】 jǐ lǒng dàcōng　　some strips of Chinese scallions

路 lù

1. 用于种类 sort, grade, class (derogatory)：
☞词语：
【这路人】 zhè lù rén　　this sort of people
【哪路货】 nǎ lù huò　　What kind of goods are these?

2. 用于城市公共电、汽车的路线 for the routes of buses and trolley-buses：
☞词语：
【331路公共汽车】 331 lù gōnggòng qìchē　　Bus No. 331

缕 lǚ

用于细的东西 wisp, strand, lock：
1. 细的成束的东西 for some thin objects in strand：
☞词语：
【一缕麻绳】 yì lǚ máshéng　　a strand of hemp
【几缕炊烟】 jǐ lǚ chuīyān　　some wisps of smoke from kitchen chimneys

Chinese Measure Words without Tears

2. 抽象的事物 for some abstract things：

☞词语：

【一缕哀思】　yì lǚ āisī　　　a feeling of sadness
【一缕香气】　yì lǚ xiāngqì　　a good smell

辨析："缕"和"绺"都用来做细的成束的东西的量词，"缕"多用于飘逸的形状，"绺"多用于聚在一处的东西。

Comparision：Both liǔ and lǚ are the measure words for something very thin and gathered in trand. But lǚ means wisp, especially for some light or abstract things, liǔ is often used for things which get together.

轮 lún

1. 用于太阳、(圆)月亮 for the sun, the full moon, etc.：

☞词语：

【一轮明月】　yì lún míngyuè　　a bright full moon
【一轮红太阳】yì lún hóng tàiyáng　a red sun

2. 用于循环(会谈、比赛)的次数 for rounds of talks, matches

例句：比赛已经赛过两轮。
　　　Bǐsài yǐjīng sài guò liǎng lún.
　　　Two rounds of the match have taken place.

☞词语：

【三轮会谈】　sān lún huìtán　　three rounds of talks

摞 luò

用于重叠放置的东西 for something piled up or overlapped：

☞词语：

【几摞书】　　jǐ luò shū　　several stacks of books
【一摞碗】　　yí luò wǎn　　a pile of bowls

辨析："摞"、"叠"和"沓（儿）"都用于重叠放置的物品。"沓（儿）"只用于纸、纸币之类的东西；"叠"也可用于较薄的物品。较厚重的物品只用"摞"，如"一摞碗"，不能说"一沓（儿）碗"或"一叠碗"。

Comparison：Luò, dié and dár are all used for things in a pile, however, dár is only for paper, paper money, etc. while dié for thin objects and luò for heavy and thick objects, e. g. yí luò wǎn (a pile of bowls).

码 mǎ

1. 计算事情的件数 for matters, used to indicate the same thing or the same kind：

例句：这是两码事。
　　　Zhè shì liǎng mǎ shì.
　　　They are two different matters.

☞词语：

【一码归一码】　yì mǎ guī yì mǎ　　a business is a busimess

Chinese Measure Words without Tears

2. 英美制长度单位。1 码 = 3 英尺 unit of length, yard, (yd.), 1 yard = 3 feet

枚 méi

用于小的硬币、徽章等 for small-piece things such as coins, badges:

☞ 词语:

【两枚奖章】　liǎng méi jiǎngzhāng　　two medals
【一枚硬币】　yì méi yìngbì　　a coin

辨析:"枚"只用于小的硬币或证章等;"块"用的较广泛,如"一块饼干"、"一块砖"等,都不能用"枚"。
Comparison: Méi is only used for small coins, badges, pins, etc.; kuài is the one used widely, e. g. yí kuài bǐnggān (a piece of biscuits), yí kuài zhuān (a brick).

门 mén

1. 用于技术、课程、科学的种类 for subjects of technology, study, science, ect. :

☞ 词语:

【五门课】　　wǔ mén kè　　　5 courses
【一门学科】　yì mén xuékē　　one subject

例句：他对这门学科很有研究。
Tā duì zhè mén xuékē hěn yǒu yánjiū.
He achieved a lot in the field of this subject.

2. 用于重武器 for cannons：

☞ 词语：

【六门大炮】　liù mén dàpào　　six cannons
【三门火箭炮】sān mén huǒjiànpào　three rocket mortars

3. 指亲族或婚事 for marriages and sets of relatives：

☞ 词语：

【一门婚事】　yì mén hūnshì　　a marriage
【这门亲戚】　zhè mén qīnqi　　this group of relatives

面　miàn

1. 用于扁平或能展开的东西 for flat or spreadable things：

☞ 词语：

【一面镜子】　yí miàn jìngzi　　a mirror
【一面红旗】　yí miàn hóngqí　　a red flag

2. 用于见面次数 for times of meeting somebody：

☞ 词语：

【见两面】　jiàn liǎng miàn　　meet somebody twice

Chinese Measure Words without Tears

3. 东西的一面 for sides of an object：

例句：这一面弄脏了。
  Zhè yí miàn nòng zāng le.
  This side has been made dirty.

☞词语：
【那面红,这面绿】 nà miàn hóng, zhè miàn lǜ
       be red on that side and green on this side

名 míng

1. 用于人数，只用来指一定范围的人，不用于泛指 for people：

☞词语：
【几名学生】 jǐ míng xuésheng some students
【三名军官】 sān míng jūnguān three military officers

2. 用于名次、名额 for positions in a name list, quota of people：

☞词语：
【考了第一名】 kǎo le dì yī míng won first place in the examination
【共录取二十名】 gòng lùqǔ èrshí míng enroll 20 persons in total

抹 mǒ

由动词"涂抹"转为量词。用于云霞,有修辞效果。只用于轻淡的云霞,不用于乌云、厚云等。Originally used as a verb means "swear", for clouds and morning / evening glows, not for dark clouds and thick clouds, (rhetorical):

☞词语:
【一抹晚霞】　yì mǒ wǎnxiá　　an evening glow
【一抹浮云】　yì mǒ fúyún　　a floating cloud

幕 mù

1. 用于戏剧的幕次 for acts of play:
例句:这个剧有三幕七场。
　　Zhè gè jù yǒu sān mù qī chǎng.
　　This play is in 3 acts and 7 scenes.

2. 用于抽象的事 for certain abstract things:
例句:往事一幕幕地涌上心头。
　　Wǎngshì yí mù mù de yǒng shàng xīntóu.
　　Scene after scene of the past reappeared before one's eyes.

Chinese Measure Words without Tears

排 pái

用于横排的人和物 horizontal row, line:

☞词语:
【一排排队伍】　　yì pái pái duìwu　　rows of troops
【两排雪白的牙齿】　liǎng pái xuěbái de yáchǐ　two rows of pure white teeth
【几排高楼】　　　　jǐ pái gāolóu　　some rows of high buidings
辨析:见"溜"。See "liù".

派 pài

1. 用于不同意见或观点的人群 for political groups, schools of thought or art:

☞词语:
【左派】　　zuǒ pài　　the Left
【民主党派】　mínzhǔ dǎngpài　democratic parties and groups

2. 形容抽象的景色、气势、表现等,数词限用"一" used with the numeral, for scenery, atmosphere, speech, etc., only the numeral "one" can be used:

☞词语:
【一派壮丽的北国风光】　yí pài zhuànglì de běiguó fēngguāng
　　　　　　　　　　　　a splendid expanse of typical northern scen-

105

【一派领导架势】	yí pài lǐngdǎo jiàshi	a bureaucratic air
【一派萧条市容】	yí pài xiāotiáo shìróng	a desolate scene of a city

盘 pán

1. 用于以盘子盛的(多为食品) for food held in a plate：

☞词语：

【一盘水果】	yì pán shuǐguǒ	a plate of fruits
【几盘炒菜】	jǐ pán chǎocài	several dishes

2. 用于盘绕起来的圆形物 for objects wrapped into a coil：

☞词语：

【一盘电线】	yì pán diànxiàn	a coil of wire
【一盘蚊香】	yì pán wénxiāng	a coil of mosquito-repellent incense
【一盘录像带】	yì pán lùxiàngdài	a video tape

3. 用来指棋、牌类运动 for a game of chess or cards, or for any other board game：

☞词语：

【一盘棋】	yì pán qí	a game of chess
【下两盘象棋】	xià liǎng pán xiàngqí	play Chinese chess
【一盘比赛】	yì pán bǐsài	a game

Chinese Measure Words without Tears

泡 pāo

用于屎、尿 for a number of excretions, slightly vulgar：

☞词语：
【一泡屎】　　yì pāo shǐ　　a shit

蓬 péng

用于枝叶茂盛的花草 clump, cluster, for twiggy, leafy plants：

☞词语：
【一蓬茅草】　　yì péng máocǎo　　a clump of cogongrass
【一蓬凤尾竹】　yì péng fèngwěizhú　a clump of bracken

捧 pěng

用双手捧起的数量 a double handful, for things held with two hands：

☞词语：
【一捧豆子】　　yì pěng dòuzi　　a double handful of beans
【一捧红枣】　　yì pěng hóngzǎo　a double handful of dates

批 pī

用于大宗货物或多数的人 for a group of persons or things, batch：

☞词语：

【一批留学生】 yì pī liúxuéshēng　　a group of foreign students
【第二批运动员】 dì-èr pī yùndòngyuán　　the second group of athletes
【一批文件】 yì pī wénjiàn　　a batch of papers (or documents)
【一批产品】 yì pī chǎnpǐn　　a batch of products

匹 pǐ

1. 用于马、驴、骡 for horses, donkeys, mules, etc.：

☞词语：

【四匹马】 sì pǐ mǎ　　four horses
【两匹骡子】 liǎng pǐ luózi　　two mules

2. 用于成卷的布或其它纺织品 for rolls of cloth, silk and other fabric：

☞词语：

【一匹布】 yì pǐ bù　　a bolt of cloth
【两匹绸子】 liǎng pǐ chóuzi　　two bolts of silk

Chinese Measure Words without Tears

篇 piān

1. 用于文章、小说等 for articles, novels, etc.:

☞词语:
【三篇论文】 sān piān lùnwén   three thesis / dissertations
【一篇散文】 yì piān sǎnwén   a piece of prose

2. 用于纸张,加儿化尾音。一篇等于两页 sheet, leaf, for a single sheet of paper forming two pages (could be retroflexed):

☞词语:
【五篇儿纸】 wǔ piānr zhǐ   five sheets or pieces of paper

片 piàn

1. 计量平而薄的东西 slice, for thin and flat objects:

☞词语:
【几片雪花】 jǐ piàn xuěhuā   some flakes of snow
【两片饼干】 liǎng piàn bǐnggān   two pieces of biscuit
【几片牛肉】 jǐ piàn niúròu   several slices of beef

2. 用于带平面的东西 for a stretch of land, a water surface, etc.:

☞词语:
【一片蓝色的天空】 yí piàn lánsè de tiānkōng   a blue expanse of sky

109

【一片白云】　　　yí piàn bái yún　　　a white cloud
　　　　　　　　　例：天上飘着一片白云。
　　　　　　　　　Tiān shàng piāo zhe yí piàn bái yún.
　　　　　　　　　A piece of clouds is flying in the sky.
【一片沙滩】　　　yí piàn shātān　　　a strech of sandy beach

3. 用于抽象事物 used with the numeral "one", for scene, atmosphere, sound, feeling, etc.：

☞词语：
【一片柔情】　yí piàn róuqíng　　a feeling of tenderness
【一片混乱】　yí piàn hùnluàn　　a mess
　　　　　　　例：他一露面，会场上一片混乱。
　　　　　　　Tā yí lù miàn, huìchǎng shàng yí piàn hùnluàn.
　　　　　　　The meeting went into disorder when he showed out.
【一片欢呼】　yí piàn huānhū　　a scene of great rejoicing

期　qī

用于有固定时间的报刊或活动 for newspapers, periodicals and activities scheduled by periods：

☞词语：
【一期杂志】　　　yì qī zázhì　　　an issue of a magazine
【第二期夏令营】　dì-èr qī xiàlìngyíng　　the second session of summer camp

Chinese Measure Words without Tears

起 qǐ

指事件、事故、案件等的次数 for event, accidents, cases, etc.:

☞词语:
【一起交通事故】 yì qǐ jiāotōng shìgù　　a traffic accident
【两起民事案件】 liǎng qǐ mínshì ànjiàn　　two civil cases

圈 quān

1. 指环形的事物或环形排列的人 a round, for people and objects forming a ring:

☞词语:
【站了一圈人】 zhàn le yì quān rén　　people formed a ring

2. 计算绕圈的动作 for actions of ringing around:

例句:他绕操场跑了三圈。
　　Tā rào cāochǎng pǎo le sān quān.
　　He ran around the track three times.

☞词语:
【绕十几圈毛线】 rào shí jǐ quān máoxiàn　　wind the knitting
　　　　　　　　wool around a dozen times

3. (麻将牌)打的轮数 for rounds in the game of Mahjong:

☞词语:

111

【打了八圈牌】 dǎ le bā quān pái   played eight rounds

群 qún

1. 用于聚集在一起的人 crowd, flock, for people or animals in a group:

☞词语:

【一群学生】 yì qún xuésheng   a group of students
【一群观众】 yì qún guānzhòng   a crowd of spectators
【一群羊】 yì qún yáng   a flock of sheep
【一群狼】 yì qún láng   a pack of wolves

2. 用于岛屿 for islands:

☞词语:

【一群岛屿】 yì qún dǎoyǔ   a group of islands
例:中国南海南边的一群岛屿是南沙群岛。
Zhōngguó Nánhǎi nán biān de yì qún dǎoyǔ shì Nánshā Qúndǎo.
That group of islands in the south of the South China Sea are the Nansha islands.
辨析:见"伙"。See "huǒ".

Chinese Measure Words without Tears

任 rèn

担任公职的次数 for the number of terms served on an official post:

☞词语:
【当过一任县长】 dāng guo yí rèn xiànzhǎng　　has once been County magistrate

扇 shàn

用于门、窗或可以开合的东西 for doors, windows, etc.:

☞词语:
【两扇窗户】　　liǎng shàn chuānghu　　two windows
【两扇红漆大门】　　liǎng shàn hóng qī dàmén　　two red painted gates

身 shēn

1. 指全身衣服 for clothes, suit:

☞词语:
【两身西服】　　liǎng shēn xīfú　　two suits
【一身黑衣裙】　　yì shēn hēi yīqún　　a black dress

113

2. 指全身被覆盖：只能用"一"。for something covering the whole body of somebody, only the numeral "one" can be used.

☞词语：

【一身水】　　yì shēn shuǐ　　get thoroughly wet

【一身香味儿】yì shēn xiāng wèir　be wearing too much perfume

例：在公共汽车上，他发现旁边的人一身香味儿。
Zài gōnggòng qìchē shàng, tā fāxiàn pángbiān de rén yì shēn xiāng wèir.
On bus, he found the person beside him was wearing too much perfume.

3. 用于抽象事物，形容量大 for some abstract things, indicating the large quantity：

☞词语：

【背一身债】　bēi yì shēn zhài　　be bearing a heavy debt

【无官一身轻】wú guān yì shēn qīng　relaxed without pressure from work

例：他退休以后，真感到无官一身轻。
Tā tuìxiū yǐhòu, zhēn gǎndào wú guān yì shēn qīng.
After retiring, he really felt relaxed without any pressure from work.

Chinese Measure Words without Tears

声 shēng

用于发出声音的次数 for times of giving sounds out：

☞ 词语：
【一声怒吼】　yì shēng nùhǒu　　a fierce roar
　　　　　　例：狮子发出一声怒吼。
　　　　　　Shīzi fāchū yì shēng nùhǒu.
　　　　　　The lion has a fierce roar.
【一声哀叹】　yì shēng āitàn
　　　　　　a long moaning sigh

手 shǒu

常指有一定水平的技术 for skill or proficiency：

例句：1. 他有一手木工手艺。
　　　　Tā yǒu yìshǒu mùgōng shǒuyì.
　　　　He is a good carpenter.
　　　2. 她会做一手好菜。
　　　　Tā huì zuò yìshǒu hǎo cài.
　　　　She really knows how to cook.

☞ 词语：
【学两手】　xué liǎngshǒu　　to learn a skill
【露一手】　lòu yìshǒu　　　 show off

115

首 shǒu

用于计量诗词、歌曲 for songs and poems：

☞词语：

【一首外国歌曲】 yì shǒu wàiguó gēqǔ   a foreign song
【一首旧体诗】 yì shǒu jiùtǐ shī   an old-styled poem

束 shù

1. 用于捆在一起的东西 bundle, bunch, sheaf, for something bundled up：

☞词语：

【一束鲜花】 yí shù xiānhuā   a bunch of flowers
【一束信件】 yí shù xìnjiàn   a bundle of letters

2. 用于细长的光线等 for rays of light and some other long, thin objects：

☞词语：

【一束灯光】 yí shù dēngguāng   rays of light

辨析：见"捆"。See "kǔn".

Chinese Measure Words without Tears

双 shuāng

用于成对的东西 pair, for two things of the same kind to be used together:

1. 用于人的肢体或器官 for eyes, hands, feet of one person:

☞词语:
- 【一双手】　　yì shuāng shǒu　　a pair of hands
- 【一双眼睛】　yì shuāng yǎnjing　a pair of eyes

　　例:她长了一双明亮的大眼睛。
　　Tā zhǎng le yì shuāng míngliàng de dà yǎnjing.
　　She has grown up with bright eyes.

2. 用于人穿戴的服饰 for shoes, socks:

☞词语:
- 【一双布鞋】　yì shuāng bùxié　　a pair of cloth shoes
- 【一双袜子】　yì shuāng wàzi　　a pair of socks

3. 用于成双使用的器物 for devices used in pair:

☞词语:
- 【一双筷子】　yì shuāng kuàizi　　a pair of chopsticks

　　辨析:见"对"。See "duì".

汉语量词学习手册

丝 SĪ

原为计量长度、重量的极小单位 a tiny unit of length and weight：

1. 用于极细的东西 a thread / shred of：

☞词语：

【一丝细雨】　yì sī xìyǔ　　　a drizzle of rain; a mist of rain
【一丝缝隙】　yì sī fèngxì　　　a tiny crack
　　　　　　　例：铁门关得很死，连一丝缝隙都没有。
　　　　　　　Tiěmén guān de hěn sǐ, lián yì sī fèngxì dōu méiyǒu.
　　　　　　　The iron gate is closed so tightly not even a tiny crack can be found.

2. 用于微小的表情或想法 a trace of, for some abstract things such as slim facial expressions, ideas：

☞词语：

【一丝微笑】　yì sī wēixiào　　a trace of a smile
　　　　　　　例：她的脸上露出了一丝微笑。
　　　　　　　Tā de liǎnshang lòu chū le yì sī wēixiào.
　　　　　　　There is a trace of smile on her face.
【一丝希望】　yì sī xīwàng　　　a slim hope
　　　　　　　辨析：见"线"。See "xiàn".

Chinese Measure Words without Tears

艘 sōu

计量较大的船只 for boats and ships:

☞ 词语：
【一艘炮舰】 yì sōu pàojiàn　　a gunboat
【一艘客轮】 yì sōu kèlún　　a passenger ship
【一艘油轮】 yì sōu yóulún　　one oil tanker
例：这个港口停泊了两艘油轮。
Zhè gè gǎngkǒu tíngbó le liǎng sōu yóulún.
There are two oil tankers docked at this port.
辨析：见"只"。See "zhī".

所 suǒ

用于房屋、学校等 for a house, school or other structure:

☞ 词语：
【一所房子】 yì suǒ fángzi　　a house
【一所学校】 yì suǒ xuéxiào　　a school

台 tái

1. 用于机器设备 for certain machinery, apparatus, instruments:

☞ 词语：

119

【一台电视机】 yì tái diànshìjī　　a TV set
【一台机床】　 yì tái jīchuáng　　 a machine tool

2. 用于戏剧节目 for a whole performance on the stage：
☞词语：
【一台京剧】　yì tái jīngjù　　a whole performance of Beijing Opera
例：长安戏院演出一台传统京剧。
Cháng'ān Xìyuàn yǎnchū yì tái chuántǒng jīngjù.
A traditional Beijing Opera is playing at Chang'an Theater.

抬　tái

用于两个人抬的东西 for a load carried by two or more persons：
☞词语：
【一抬嫁妆】　yì tái jiàzhuang　　a load of dowry carried by two persons

摊　tān

用于成片的液体 for paste or thick liquid：
☞词语：
【一摊污水】　yì tān wūshuǐ　　a mud puddle

Chinese Measure Words without Tears

【一摊血】　yì tān xiě　　a pool of blood
例：地上流了一摊血。
Dì shang liú le yì tān xiě.
There is a pool of blood left on the ground.

堂 táng

用于上课的节数 for classes：

☞词语：

【一堂英语课】　yì táng Yīngyǔ kè　　an English class
例：今天有两堂英语课。
Jīntiān yǒu liǎng táng Yīngyǔ kè.
I have two English classes today.

趟 tàng

1. 用于计算来回的次数 for a round trip：

☞词语：

【去三趟】　qù sān tàng　　go three times
例：我到他家去了三趟。
Wǒ dào tā jiā qù le sān tàng.
I went to his home three times.

2. 用于火车的次数 for a single trip of a train：

☞词语：

【这趟火车】　　zhè tàng huǒchē　　this train

例：赶不上这趟火车就坐下一趟。

Gǎn bú shàng zhè tàng huǒchē jiù zuò xià yí tàng.

If we miss this train, let's take the next one.

3. 用于成行的东西 for a street or things arranged in a row：

☞词语：

【两趟桌子】　　liǎng tàng zhuōzi　　two rows of tables

套　tào

1. 用于成组的事物 set, suit, suite, for books, furniture, rooms：

☞词语：

【一套西服】　　yí tào xīfú　　a suit (of western-style clothes)

【一套制度】　　yí tào zhìdù　　a set of rules and regulations

例：学校新制订了一套制度。

Xuéxiào xīn zhìdìng le yí tào zhàdù.

This school has just made a new set of rules.

2. 指本领或手段 for skills and methods：

例句：他在社交方面有一套。

Tā zài shèjiāo fāngmiàn yǒu yí tào.

He is a good mixer in social situation.

Chinese Measure Words without Tears

条 tiáo

1. 用于细长的东西 for certain long and narrow objects:

☞ 词语:

【一条河】　　yì tiáo hé　　a river
例:我家的门前有一条不太宽的河。
Wǒ jiā de mén qián yǒu yì tiáo bú tài kuān de hé.
There is a not-very-wide river in front of my gate.

【几条领带】　jǐ tiáo lǐngdài　　some ties
【几条马路】　jǐ tiáo mǎlù　　several roads

2. 用于组合成长条的东西 for objects in the shape of an oblong as a whole:

☞ 词语:

【一条肥皂】　yì tiáo féizào　　a bar of soap
【一条香烟】　yì tiáo xiāngyān　　a carton of cigarettes
【两条裤子】　liǎng tiáo kùzi　　two pairs of trousers

3. 用于和人体有关的部位 for lives and some certain things associated with life and body:

☞ 词语:

【几条汉子】　jǐ tiáo hànzi　　some brave men
【一条好嗓子】yì tiáo hǎo sǎngzi　　a good voice
【三条人命】　sān tiáo rénmìng　　three human lives

123

例：这个案子牵涉到三条人命。
Zhè gè ànzi qiānshè dào sān tiáo rénmìng.
This case involves three human lives.

4. 用于某些长形的动物、植物 for certain insects or plants：

☞词语：

【一条狗】　　yì tiáo gǒu　　　a dog
例：每天和他做伴的只有那条狗。
Měitiān hé tā zuò bàn de zhǐ yǒu nà tiáo gǒu.
The dog is his sole daily companion.

【一条鱼】　　yì tiáo yú　　　a fish
【三条黄瓜】　sān tiáo huángguā　　three cucumbers
辨析：见"根"。See "gēn".

贴　tiē

用于贴在身上的膏药 for medicated plaster：

☞词语：

【一贴膏药】　yì tiē gāoyào　　a piece of medicated plaster
例：他今天腰疼，贴了一贴膏药以后好多了。
Tā jīntiān yāoténg, tiē le yì tiē gāoyào yǐhòu hǎo duō le.
He had a backache today but felt much better after applying a piece of medicated plaster.

Chinese Measure Words without Tears

通 tòng

用于动作或语言 a spell of activity or talk, a complete course or spell of activity in playing certain musical instruments:

📖 词语:

【一通骂】　　yí tòng mà　　　a cursing
　　　　　　　例：他挨了父亲一通骂。
　　　　　　　Tā āi le fùqin yí tòng mà.
　　　　　　　He got a dressing down from his father.

【三通鼓】　　sān tòng gǔ　　three rolls of the drum
　　　　　　　例：打过三通鼓就开始演戏。
　　　　　　　Dǎ guò sān tòng gǔ jiù kāishǐ yǎn xì.
　　　　　　　The performance began after three rolls of the drum.

头 tóu

1. 用于计量牛、驴等大牲畜 for certain large domestic animals such as cattle, donkeys:

📖 词语:

【五头牛】　　wǔ tóu niú　　　five heads of cattle
【几头骡子】　jǐ tóu luózi　　　some mules

2. 计量蒜头 for garlic

例句：他买了五十头大蒜。
　　　Tā mǎi le wǔshí tóu dàsuàn.

He bought fifty bulbs of garlic.

团 tuán

1. 用于一些圆形或球形的东西 for something in the shape of a ball：

☞ 词语：

【一团废纸】　　yì tuán fèizhǐ　　a ball of crumpled paper
　　　　　　　　例：他把来信团成一团,扔进了废纸篓。
　　　　　　　　Tā bǎ láixìn tuán chéng yì tuán, rēng jìn le fèizhǐlǒu.
　　　　　　　　He crumpled the letter into a ball and cast it into the waste paper basket.

【一团棉花】　　yì tuán miánhuā　　a ball of cotton

【吓得缩成一团】　xià de suō chéng yì tuán　　be so frightened that somebody contracts his body into a ball

2. 用于抽象事情 for some certain abstract things：

☞ 词语：

【一团火】　　yì tuán huǒ　　a flame
　　　　　　　例：他听到这个消息,特别激动,心里好像有一团火。
　　　　　　　Tā tīngdào zhè gè xiāoxi, tèbié jīdòng, xīnli hǎoxiàng yǒu yì tuán huǒ.
　　　　　　　After his hearing this news, it was as though there was a flame in his heart.

【一团和气】　　yì tuán héqi　　keep on good terms with everyone at

Chinese Measure Words without Tears

the expense of principle, keep on the right side of everyone

【一团漆黑】 yì tuán qīhēi   pitch-dark—utterly hopeless

丸 wán

用于丸药 for pills:

☞词语:
【一丸药】 yì wán yào   a pill
例：这种药一天吃三丸。
Zhè zhǒng yào yì tiān chī sān wán.
Take three pills of this kind a day.

汪 wāng

用于液体 for liquid:

☞词语:
【一汪水】 yì wāng shuǐ   a puddle of water
【一汪血】 yì wāng xiě   a puddle of blood
例：等大家赶来时，只见地上有一汪血。
Děng dàjiā gǎnlái shí, zhǐjiàn dìshang yǒu yì wāng xiě.
Only a puddle of blood was found on the ground

when we came.

【两汪眼泪】　liǎng wāng yǎnlèi　　tears in one's eyes

尾 wěi

用于鱼，也可用"条" for fish, "tiáo" is also used：

☞词语：

【一尾鱼】　yì wěi yú　　a fish

味 wèi

用于中药 for ingredients of a Chinese medicine prescription：

☞词语：

【两味药】　liǎng wèi yào　　two medicinal herbs

例：这两味药不太好配，你去药店试试。
Zhè liǎng wèi yào bú tài hǎo pèi, nǐ qù yàodiàn shìshi.
These two medicinal herbs are not so easy to get. You'd better try your luck at the pharmacy.

Chinese Measure Words without Tears

位 wèi

1. 用于人(含敬意) for person (with politeness):

☞ 词语:

【三位先生】　　sān wèi xiānsheng　　three gentlemen
【各位来宾】　　gè wèi láibīn　　　　all the guests
　　　　　　　例:欢迎各位来宾的到来。
　　　　　　　Huānyíng gèwèi láibīn de dào lái.
　　　　　　　All the guests are welcomed here.
【两位客人】　　liǎng wèi kèrén　　two guests

2. 用于计算数位 digits figures:

☞ 词语:

【五位数】　　wǔ wèi shù　　five-figure number / five-digit number
　　　　　　例:他每月工资能挣到五位数。
　　　　　　Tā měi yuè gōngzī néng zhèng dào wǔ wèi shù.
　　　　　　He earns not less than ten thousand Yuan each month.
【十几位数】　shí jǐ wèi shù　　more than ten figures
　　　　　　例:那个号码有十几位数,我记不住。
　　　　　　Nà ge hàomǎ yǒu shí jǐ wèi shù, wǒ jìbuzhù.
　　　　　　That number contains more than ten figures. I can't remember it.

3. 与序数词结合,表示事物的地位 combined with the ordinals to indicate the rank, class：

☞词语：
【首位】　　　shǒu wèi　　　　number one
【第一位】　　dì-yī wèi　　　　number-one
　　　　　　　例：她的学习成绩在我们班排在第一位。
　　　　　　　Tā de xuéxí chéngjì zài wǒmen bān pái zài dì-yī wèi.
　　　　　　　Her marks are number one in our class.
【第几位】　　dì jǐ wèi　　　　number x
　　　　　　　辨析：见"口"。See "kòu".

文　wén

用于旧时的铜钱 for copper cash, for coins in the old days：

☞词语：
【一文钱】　　yì wén qián　　　a bit of cash
【一文不值】　yì wén bù zhí　　not worth a penny
　　　　　　　例：你画的这幅画一文不值。
　　　　　　　Nǐ huà de zhè fú huàr yì wén bù zhí.
　　　　　　　Your painting is not worth a farthing.

Chinese Measure Words without Tears

窝 wō

用于一胎所生的或一次孵出的动物 for animals' brood：

☞ 词语：

【一窝小猫】　yì wō xiǎomāo　　a litter of kittens
【一窝猪崽】　yì wō zhūzǎi　　a litter of baby pigs
　　　　　　　例：老母猪刚下了一窝小猪崽。
　　　　　　　Lǎo mǔzhū gāng xiàle yì wō xiǎo zhūzǎi.
　　　　　　　The pig just had a litter of babies.
【一窝蚂蚁】　yì wō mǎyǐ　　a colony of ants
　　　　　　　例：小明在树下发现一窝蚂蚁。
　　　　　　　Xiǎomíng zài shù xià fāxiàn yì wō mǎyǐ.
　　　　　　　Xiaoming found a colony of ants under the tree.

席 xí

1. 指席位 for seats at a conference, in a legislative assembly, etc.：

☞ 词语：

【一席之地】　yì xí zhī dì　　a seat
　　　　　　　例：尽管他来晚了，大家还给他保留着一席之地。
　　　　　　　Jǐnguǎn tā lái wǎn le, dàjiā hái gěi tā bǎoliú zhe yì xí zhī dì.
　　　　　　　Although he was late, everybody still reserved a seat for him.

【一席空间】 yì xí kōngjiān
a certain place / room

2. 指一段讲话(只能用数词"一") for talks, only the numeral "one" can be used:
☞词语:
【一席话】 yì xí huà　　a talk with somebody
例:听了领导的一席话,小王决定不再提辞职的事了。
Tīng le lǐngdǎo de yì xí huà, Xiǎo Wáng juédìng bú zài tí cízhí de shì le.
After listening to what his director had to say, Xiao Wang decided to never again raise the issue of resignation.

袭 xí

用于成套的衣服 a suit or set of clothes:
☞词语:
【一袭单衣】 yì xí dān yī　　a set of unlined garments
例:天气还没转暖,姑娘们已经是一袭单衣了。
Tiānqì hái méi zhuǎn nuǎn, gūniangmen yǐjing shì yì xí dān yī le.
Girls are already in their sets of unlined garments, while it hasn't become warm yet.

Chinese Measure Words without Tears

下 xià(r)

1. 用于动作的次数 stroke, times, for verbs of action:

☞ 词语:

【打一下】　dǎ yí xià　　give somebody a slap
【摇两下】　yáo liǎng xià　shake twice
　　　　　　例：喝这种药之前要先摇两下。
　　　　　　Hē zhè zhǒng yào zhīqián yào xiān yáo liǎng xià.
　　　　　　Shake it twice before taking this medicine.
【敲三下】　qiāo sān xià　knock three times, give three knocks

2. 用在动词后面表示尝试,时间很短,数词限用"一" used after a verb, indicating a try or just for a short time, only be used with the number "one":

☞ 词语:

【看一下】　kàn yí xià　　have a look
　　　　　　例：你帮我看一下这车哪儿坏了?
　　　　　　Nǐ bāng wǒ kàn yí xià zhè chē nǎr huài le?
　　　　　　Could you do me a favor by having a look at this car and seeing what is broken?
【研究一下】yánjiū yí xià
　　　　　　to do a research
【问一下】　wèn yí xià　　to ask
【去一下】　qù yí xià　　　to go
　　　　　　例：下班以后,你到经理的办公室去一下。

133

Xià bān yǐhòu, nǐ dào jīnglǐ de bàngōngshì qù yí xià.
Go to the manager's office when you are off work.

3. 表示快速,可带"子" indicating quickness, the same as "yí xiàzi":
例句:1. 老师傅一下就找出了机器的毛病。
Lǎo shīfu yíxià jiù zhǎochū le jīqì de máobìng.
That old worker found what was the matter with the machine quickly.
2. 房间里一下子全亮了。
Fángjiān li yíxiàzi quán liàng le.
The room brightened up at once.

4. 表示本领,技能(用在"两"、"几"后面,"子"或"儿"的前面) used after "liǎng" or "jǐ" and before "zi" or "er" for what one is good at or capable of:

☞词语:
【有两下子】　yǒu liǎng xiàzi　　be capable, have a certain skill
　　　　　　例:你可真有两下子。
　　　　　　Nǐ kě zhēn yǒu liǎng xiàzi.
　　　　　　You are so capable.
【那几下子】　nà jǐ xiàzi　　derogatory, whatever somebody can do
　　　　　　例:他那几下子我也会。
　　　　　　Tā nà jǐ xiàzi wǒ yě huì.
　　　　　　Whatever he can do, I can too.

Chinese Measure Words without Tears

线 xiàn

用于抽象事物，数词限用"一"，表示极少 for abstract things, can only be used with numeral "one", indicating very little：

☞词语：

【一线希望】　yí xiàn xīwàng　　a ray / glimmer of hope
例：只要有一线希望，我们就要救活他。
Zhǐyào yǒu yí xiàn xīwàng, wǒmen jiùyào jiùhuó tā.
As long as even a glimmer of hope exists, we must try to save his life.

【一线光明】　yí xiàn guāngmíng　　a gleam of brightness

【一线生机】　yí xiàn shēngjī　　a slim chance of survival, a glimmer of hope

辨析："丝"和"线"都是从名词转化而来的。"丝"的原意比"线"细，所以"一丝"比"一线"更细更弱。
Comparison：Sī and xiàn are both transformed from a noun--thread. The original meaning of sī is thinner than xiàn, therefore, yì sī is thinner and weaker than yí xiàn.

项 xiàng

用于分项目的事物 item, for itemized things：

☞词语：

135

| 【两项决定】 | liǎng xiàng juédìng | two decisions |

【三项比赛】 sān xiàng bǐsài　　three games
例：他获得三项比赛的第一名。
Tā huòdé sān xiàng bǐsài de dì-yī míng.
He won first place in three games.

【一项制度】 yí xiàng zhìdù　　a system; a regulation
【一项任务】 yí xiàng rènwù　　an important task
【各项条件】 gè xiàng tiáojiàn　　each item of the requirements
例：符合各项条件的人才有资格参加选举。
Fúhé gè xiàng tiáojiàn de rén cái yǒu zīgé cānjiā xuǎnjǔ.
Only the person who meets each of the requirements is qualified to run for election.

【一项事业】 yí xiàng shìyè　　a career
【一项活动】 yí xiàng huódòng　　an activity
【第二项】 dì-èr xiàng　　item 2
例：表格中的第二项也要填清楚。
Biǎogé zhōng de dì-èr xiàng yě yào tián qīngchu.
You need fill in item 2 in this form clearly too.

（一）些　（yì）xiē

1. 表示人和事物不定量的数量 for uncertain quantity：
☞词语：
【一些人】 yì xiē rén　　some people
【这些事情】 zhè xiē shìqing　　these matters

Chinese Measure Words without Tears

【一些问题】 yì xiē wèntí   some problems
例：还有一些问题没有解决。
Háiyǒu yì xiē wèntí méiyǒu jiějué.
There are still some problems left unresolved.

【那些日子】 nà xiē rìzi   those days
【一些时间】 yì xiē shíjiān   some time
例：考试前我们还有一些时间可以做准备。
Kǎoshì qián wǒmen háiyǒu yì xiē shíjiān kěyǐ zuò zhǔnbèi.
We still have some time to prepare befor the examination.

2. 说明事物的性状，表示略微的意思 **a little**, used after adjectives indicating properties：

☞词语：

【好一些】 hǎo yì xiē   a little better
例：你觉得好一些了吗？
Nǐ juéde hǎo yì xiē le ma?
Do you feel better?

【快一些】 kuài yì xiē   a little faster
【简单一些】 jiǎndān yì xiē   a little simpler
【多吃一些】 duō chī yì xiē   a little more
例：既然爱吃，你就多吃一些。
Jìrán ài chī, nǐ jiù duō chī yì xiē.
Eat more since you like it.

宿 xiǔ

用于计算夜 used for counting nights:

☞词语:

| 【整宿】 | zhěng xiǔ | all night |
| 【住一宿】 | zhù yì xiǔ | stay for one night |

例:外面下雨呢,你在这儿住一宿再走吧。
Wàimiàn xià yǔ ne, nǐ zài zhèr zhù yì xiǔ zài zǒu ba.
It is raining outside, how about you stay here for one night and then go?

| 【聊了半宿】 | liáo le bàn xiǔ | chat till midnight |
| 【三天两宿】 | sān tiān liǎng xiǔ | three days and two nights |

例:火车走了三天两宿。
Huǒchē zǒu le sān tiān liǎng xiǔ.
The train has been running for three days and two nights.

旬 xún

十岁为一旬,多用于老年人 a period of ten years in a person's age, applied mostly to old persons:

☞词语:

| 【年过八旬】 | nián guò bā xún | over eighty |

Chinese Measure Words without Tears

例:他母亲已经年过八旬。
Tā mǔqīn yǐjing nián guò bā xún.
His mother is already over eighty.

巡 xún

遍(用于给全座斟酒) a round of drinks:

☞词语:

【酒过三巡】　jiǔ guò sān xún　　The wine has gone round three times.

例:酒过三巡只有他还是清醒的。
Jiǔ guò sān xún zhǐyǒu tā háishì qīngxǐng de.
After the wine has gone round three times, only he is still clear-headed.

言 yán

汉语的一个字叫一言 Chinese character, word:

☞词语:

【五言诗】　wǔ yán shī　　a poem with five characters to a line

例:他比较擅长写五言诗。
Tā bǐjiào shàncháng xiě wǔ yán shī.
He is pretty good at the poem with five charac-

139

	ters to a line.
【万言书】	wàn yán shū a long letter with about 10,000 words
【三言两语】	sān yán liǎng yǔ several words

例：这件事不是三言两语说得清的。
Zhè jiàn shì bú shì sān yán liǎng yǔ shuō de qīng de.
This matter is not so easy to explain.

眼 yǎn

1. 用于井、窑洞 for wells, care dwelling:

☞词语：

【一眼井】 yì yǎn jǐng   a well
例：村里出钱打了一眼井。
Cūnli chū qián dǎ le yì yǎn jǐng.
The village paid to have a well dug.

【两眼泉】 liǎng yǎn quán   two springs
【三眼矿】 sān yǎn kuàng   three mines

2. 用于看的次数 look; glance:

☞词语：

【看一眼】 kàn yì yǎn   have a look
例：孩子看了一眼书的价钱，然后放下了书。
Háizi kànle yì yǎn shū de jiàqián, ránhòu fàngxià

Chinese Measure Words without Tears

le shū.
The child had a look at the price of the book, then put it down.

【瞪一眼】 dèng yì yǎn　　give somebody a hard look
【一眼就看见】 yì yǎn jiù kànjiàn　　at first glance
例：我一眼就看见穿红毛衣的小王。
Wǒ yì yǎn jiù kànjiàn chuān hóng máoyī de Xiǎo Wáng.
I caught sight of Xiao Wang in a red sweater at the first glance.

样　yàng

表示事物的种类 kind; type; sort：

☞词语：
【四样菜】 sì yàng cài　　four kinds of dishes
【两样点心】 liǎng yàng diǎnxin　　two kinds of pastries
【几样东西】 jǐ yàng dōngxi　　several types of things
例：你临走以前，我要送给你几样东西。
Nǐ lín zǒu yǐqián, wǒ yào sònggěi nǐ jǐ yàng dōngxi.
I would like to give you several things before you go.
【十样商品】 shí yàng shāngpǐn　　ten kinds of goods; ten kinds of wares
辨析："样"和"种"都用于不同种类的东西。"样"偏重于外在式样的不同；"种"偏重于内在质量的不同。

Comparison: Yàng and zhǒng both refer to different kinds of things. Yàng stresses on the differences of the outer looking while zhǒng emphasizes the differences of the quality.

页　yè

用于指书本中一张纸的一面 page, one side of a page in a book:

☞词语:

【第三页】　　dì-sān yè　　page 3
例:请翻到书的第三页。
Qǐng fān dào shū de dì-sān yè.
Turn to page 3 please.

【十几页纸】　shí jǐ yè zhǐ　　more than ten pages
例:这封信他写了十几页纸。
Zhè fēng xìn tā xiě le shí jǐ yè zhǐ.
The letter he wrote was more than ten pages.

羽　yǔ

用于鸟类 for birds:

☞词语:

【一羽信鸽】　　yì yǔ xìngē　　a homing pigeon

Chinese Measure Words without Tears

员 yuán

用于武将 for generals in the past, capable person:

☞ 词语:

【一员大将】 yì yuán dà jiàng   an able general

遭 zāo

1. 回,次 time; turn:

☞ 词语:

【头一遭】 tóu yì zāo   the first time
例:我还是头一遭遇见你这样难对付的人。
Wǒ háishì tóu yì zāo yùjiàn nǐ zhèyàng nán duìfu de rén.
This is the first time I have met a hard person like you.

【第一遭】 dì-yī zāo   the first time

2. 周,圈儿 round; turn:

☞ 词语:

【绕两遭】 rào liǎng zāo   wind the string around twice
例:他把绳子在口袋上绕了两遭。
Tā bǎ shéngzi zài kǒudài shàng rào le liǎng zāo.
He wound the string around the bag twice.

【跑一遭】　pǎo yì zāo　　go to someplace once for business

盏　zhǎn

用于灯 for lamps：

☞词语：

【一盏台灯】　yì zhǎn táidēng　　a table lamp
例：桌子上的那盏台灯一直亮到深夜。
Zhuōzi shàng de nà zhǎn táidēng yìzhí liàng dào shēnyè.
That lamp on the table was kept on till deep in the night.

【三盏路灯】　sān zhǎn lùdēng　　three road lamps

张　zhāng

1. 用于可以卷起或展开的东西 for something that can be rolled up and unfolded：

☞词语：

【一张纸】　yì zhāng zhǐ　　a piece of paper
【两张画】　liǎng zhāng huà　　two pictures
例：墙上挂着两张画。
Qiáng shàng guàzhe liǎng zhāng huà.

Chinese Measure Words without Tears

There are two paintings hanging on the wall.

【六张牌】	liù zhāng pái	six playing cards
【三张地图】	sān zhāng dìtú	three maps
【一张车票】	yì zhāng chēpiào	a ticket

例：买来这张车票可真不容易。
Mǎilái zhè zhāng chēpiào kě zhēn bù róngyì.
It was so troublesome to get this ticket.

【一张照片】	yì zhāng zhàopiàn	a photo
【两张烙饼】	liǎng zhāng làobǐng	two pieces of pancake
【一张牛皮】	yì zhāng niúpí	an oxhide

2. 用于人或动物的脸面和有平面的东西 **for faces and something with a plain surface**：

☞词语：

【一张脸】	yì zhāng liǎn	a face
【两张嘴】	liǎng zhāng zuǐ	two mouthes

例：家里还有两张嘴等着吃饭。
Jiāli háiyǒu liǎng zhāng zuǐ děng zhe chīfàn.
There are still two children need feeding at home.

【三张笑脸】	sān zhāng xiàoliǎn	three smiling faces

例：打开门迎接他的是三张笑脸。
Dǎkāi mén yíngjiē tā de shì sān zhāng xiàoliǎn.
There are three smiling faces welcoming him when he opens the door.

【五张桌子】	wǔ zhāng zhuōzi	five tables
【一张茶几】	yì zhāng chájī	a teatable
【一张床】	yì zhāng chuáng	a bed

3. 用于张开、闭拢的东西 for something that can be opened up and held altogether：

☞ 词语：

【一张弓】　　yì zhāng gōng　　　a bow

例：谁也拉不开这张弓。
Shuí yě lā bù kāi zhè zhāng gōng.
No one can pull taut that bow.

【一张网】　　yì zhāng wǎng　　　a net

阵　zhèn

1. 表示突然发生的事情或动作 for something that happens suddenly：

☞ 词语：

【一阵风】　　yí zhèn fēng　　　a gust or blast of wind
【一阵雨】　　yí zhèn yǔ　　　a spatter of rain

例：刚才下了一阵雨，大家纷纷跑进屋里。
Gāngcái xià le yí zhèn yǔ, dàjiā fēnfēn pǎo jìn wūli.
It spattered rain just now and all the people ran in the room one by one.

【一阵剧痛】　　yí zhèn jùtòng　　　a severe pain
【一阵掌声】　　yí zhèn zhǎngshēng　　　a burst of applause

例：会场里响起一阵热烈的掌声。
Huìchǎng li xiǎngqǐ yí zhèn rèliè de zhǎngshēng.

Chinese Measure Words without Tears

There was a burst of warm applause in the conference hall.

【一阵笑声】 yí zhèn xiàoshēng outburst of laughter
【一阵欢呼】 yí zhèn huānhū a burst of cheer

2. 表示事情或动作持续了一段时间 **for actions or things lasting for a period of time**：

☞词语：

【等一阵】 děng yí zhèn wait for some time
例：我们等了一阵还不见他来就先走了。
Wǒmen děng le yí zhèn hái bú jiàn tā lái jiù xiān zǒu le.
We waited for some time and then left since he hadn't come.

【忙一阵】 máng yí zhèn be busy for some time
【哭一阵】 kū yí zhèn cry for a certain time
例：孩子哭了一阵很快就安静下来了。
Háizi kū le yí zhèn hěn kuài jiù ānjìng xiàlái le.
The baby cried for a while and then soon became quiet.

支 zhī

1. 用于队伍 **for army units, troops, fleets**：

☞词语：

147

| 【一支队伍】 | yì zhī duìwu | an army unit / a contingent of troops |

例:他带领这支队伍打了一个又一个胜仗。
Tā dàilǐng zhè zhī duìwu dǎ le yí gè yòu yí gè shèngzhàng.
The army unit was continuously victorious under his leadership.

| 【一支军队】 | yì zhī jūnduì | an army |
| 【一支生力军】 | yì zhī shēnglìjūn | a vital new force |

2. 用于歌曲或乐曲 for songs, melodies, musical compositions:

☞词语:
【一支歌】　　yì zhī gē　　a song

例:在那场晚会上,她唱的那支歌令我难忘。
Zài nà chǎng wǎnhuì shàng, tā chàng de nà zhī gē lìng wǒ nánwàng.
I won't forget that song she sang at that evening party.

| 【三支歌曲】 | sān zhī gēqǔ | three songs |
| 【一支乐曲】 | yì zhī yuèqǔ | a tune |

3. 用于电灯的光度 for the illuminating power of electric lights, watt:

☞词语:
【四十支光】　　sìshí zhī guāng　　40-watt

例:师傅装上一个四十支光的灯泡。
Shīfu zhuāng shàng yí gè sìshí zhī guāng de

Chinese Measure Words without Tears

dēngpào.
That worker installed a 40-watt bulb.

只 zhī

1. 用于某些成对东西的一个 for one of certain paired things:

☞ 词语：
【两只眼睛】 liǎng zhī yǎnjing　　two eyes
【一只耳朵】 yì zhī ěrduo　　an ear
例：他对老师的劝说总是一只耳朵进，一只耳朵出。
Tā duì lǎoshī de quànshuō zǒngshì yì zhī ěrduo jìn, yì zhī ěrduo chū.
As for teacher's advice to him, it was always in one ear and out the other.
【一只袜子】 yì zhī wàzi　　a sock
【两只手套】 liǎng zhī shǒutào　　a pair of gloves
【一只手】 yì zhī shǒu　　a hand
【两只鞋】 liǎng zhī xié　　two shoes
例：这两只鞋不是一双。
Zhè liǎng zhī xié bú shì yì shuāng.
These two shoes aren't a pair.

2. 用于动物 for certain animals:

☞ 词语：
【一只鸡】　　yì zhī jī　　a hen / rooster

| 【五只鸟】 | wǔ zhī niǎo | five birds |
| 【一只猫】 | yì zhī māo | a cat |

例：女儿养了一只猫。
Nǚ´ér yǎngle yì zhī māo.
The daughter has a cat.

【一只苍蝇】	yì zhī cāngying	a fly
【三只老虎】	sān zhī lǎohǔ	three tigers
【两只兔子】	liǎng zhī tùzi	two rabbits

3. 用于某些器具 some containers or devices：

☞词语：

| 【一只箱子】 | yì zhī xiāngzi | a suitcase |
| 【一只手表】 | yì zhī shǒubiǎo | a watch |

例：他用第一个月的工资买了一只手表。
Tā yòng dì-yī gè yuè de gōngzī mǎile yì zhī shǒubiǎo.
He bought a watch with his first month's salary.

| 【一只铁锅】 | yì zhī tiě guō | an iron pot |

4. 用于船只 for boats：

☞词语：

| 【一只小船】 | yì zhī xiǎo chuán | a boat |

例：两个人摇着一只小船向远处驶去。
Liǎng gè rén yáo zhe yì zhī xiǎo chuán xiàng yuǎnchù shǐ qù.
Those two are rowing a boat away.

| 【两只帆船】 | liǎng zhī fānchuán | two sailboats |

Chinese Measure Words without Tears

【一只快艇】　yì zhī kuàitǐng　　a speedboat; motor boat

辨析:"只"、"条"和"艘"都用于船只。大型舰船只用"艘";小型船只用"只"、"条"。

Comparison: Zhī, tiáo and sōu are all measure words for vessels, but sōu is for ships, zhī or tiáo for boats.

枝　zhī

1. 用于带枝子的花朵 for flowers with stems intact:

☞ 词语:

【一枝梅花】　yì zhī méihuā　　a spray of plum blossoms

【几枝鲜花】　jǐ zhī xiānhuā　　several flowers

例:花瓶里插着几枝鲜花。

Huāpíng li chā zhe jǐ zhī xiānhuā.

There are several flowers in the vase.

2. 用于杆状的东西 for stick-like things:

☞ 词语:

【两枝笔】　liǎng zhī bǐ　　two pens

例:考试时你最好多准备两枝笔。

Kǎoshì shí nǐ zuìhǎo duō zhǔnbèi liǎng zhī bǐ.

You'd better prepare two more pens for the examination.

【一枝枪】　yì zhī qiāng　　a rifle

【三枝蜡烛】　sān zhī làzhú　　three candles

盅 zhōng

用于饮料（多指酒） a (handleless) cup of, for drinks (most of time for alcoholic drinks):

☞词语:
【两盅酒】　　liǎng zhōng jiǔ　　two (handleless) cups of wine
例：天气太冷，他喝了几盅酒。
Tiānqì tài lěng, tā hē le jǐ zhōng jiǔ.
Because of the cold weather, he drank several cups of wine.

种 zhǒng

1. 表示种类，用于人和东西 kind, sort, type, for a number of persons or things of the same kind:

☞词语:
【两种人】　　　liǎng zhǒng rén　　two kinds of people
【一万多种商品】yí wàn duō zhǒng shāngpǐn　　more than 10,000 kinds of goods
例：这家商场有一万多种商品。
Zhè jiā shāngchǎng yǒu yí wàn duō zhǒng shāngpǐn.
This market has more than 10,000 types of goods available.

Chinese Measure Words without Tears

【十几种蔬菜】　shí jǐ zhǒng shūcài　　more than ten kinds of vegetables

2. 用于不同的心情或感觉，或别的抽象事情 for some certain abstract things such as feelings and emotions：

☞ 词语：
【一种新感觉】　yì zhǒng xīn gǎnjué　　a kind of novel feeling
【一种苦涩滋味】　yì zhǒng kǔsè zīwèi　　a taste of bitterness
【一种青春气息】　yì zhǒng qīngchūn qìxī　　a breath of youthfulness
【一种现象】　yì zhǒng xiànxiàng　　a kind of phenomenon
辨析：见"样"。See "yàng".

轴　zhóu

1. 用于缠在轴上的东西 for something spooled up：

☞ 词语：
【一轴线】　yì zhóu xiàn　　a spool of thread

2. 用于装裱好并卷在轴上的字画 for paintings mounted and scrolled：

☞ 词语：
【一轴山水画】　yì zhóu shānshuǐ huà　　a scroll painting of scenery
例：他送给老师一轴山水画。

Tā sònggěi lǎoshī yì zhóu shānshuǐ huà.
He gave a scroll painting of scenery to his teacher.

株 zhū

用于树 for trees:

☞词语:

【几株柳树】 jǐ zhū liǔshù　　some willow trees

辨析:"株"多用于书面语,"棵"多用于口语。
Comparison: Zhū most of the time is used as written language, kē is in spoken Chinese.

桩 zhuāng

用于计量事情 for matters

☞词语:

【这桩事情】 zhè zhuāng shìqing　　this matter
例:他心里有这桩事,吃饭都不香。
Tā xīn li yǒu zhè zhuāng shì, chī fàn dōu bù xiāng.
He has this matter on his mind and has lost all appetite.

【一桩心事】 yì zhuāng xīnshì　　a matter that worries one

Chinese Measure Words without Tears

辨析："桩"与"件"在计量事情时,一般可以通用。
Comparison: As the measure words for matters, zhuāng and jiàn can be used interchangeably.

幢 zhuàng

用于房屋,常指楼房 for storied buildings:

☞词语:
【一幢高楼】 yí zhuàng gāo lóu　　a multi-storey highrise building
辨析:见"栋"。See "dòng".

桌 zhuō

1. 用于酒宴、饭菜 dinner parties, for tables of dishes:

☞词语:
【一桌酒席】 yì zhuō jiǔxí　　a table of dishes

2. 用于围桌而坐的人 for a circle of people sitting at table:

☞词语:
【一桌客人】 yì zhuō kèrén　　a table of guests at a dinner party; a table of dinner guests

宗 zōng

1. 计量文件、案卷、款项等 for documents, files and funds:

☞词语:
【一大宗款项】　yí dà zōng kuǎnxiàng　　a large fund
【一宗文件】　　yì zōng wénjiàn　　　　a document

2. 用于抽象事情 for abstract things

☞词语:
【一宗心事】　yì zōng xīnshì　　a matter that worries one

尊 zūn

1. 用于雕塑、佛像 for statues and Buddist images:

☞词语:
【一尊塑像】　yì zūn sùxiàng　　　a statue
　　　　　　例:这尊塑像造型生动传神。
　　　　　　Zhè zūn sùxiàng zàoxíng shēngdòng chuánshén.
　　　　　　This statue seems so vivid and lifelike.

2. 用于火炮 for canons:

☞词语:
【三尊重炮】　sān zūn zhòngpào　　three heavy artillery pieces

Chinese Measure Words without Tears

撮 zuǒ(r)

用于成丛的毛发 tuft, for a cluster of yarn, hair, grass, etc., held or growing closely together:

☞ 词语:
【一撮毛】　yì zuǒ máo　　a tuft of hair

座 zuò

用于房屋、桥、山等大型天然风景和人工建筑 for buildings, bridges, mountains and other large-scaled and immovable objects:

☞ 词语:
【两座山】　　liǎng zuò shān　　two mountains
【一座桥】　　yí zuò qiáo　　　a bridge
【几座大楼】　jǐ zuò dà lóu　　　several buildings
【一座水库】　yí zuò shuǐkù　　a reservoir

参考书目

1. 现代汉语词典　中国社会科学院语言研究所词典编辑室　1996 年商务印书馆
2. 现代汉语量词手册　郭先珍　1987 年　中国和平出版社
3. 看图学量词　焦凡　1993 年　华语教学出版社

中国法定计量单位简表(公制)
Weights and Measures (the Metric System)

一、长度单位表
Units of Length

名称 Name	符号 Symbol	等数 Equivalents
微米 micron	μ;mμ	
毫米 millimeter	mm	1 毫米 = 1000 微米
厘米 centimetre	cm	1 厘米 = 10 毫米
分米 decimetre	dm	1 分米 = 10 厘米
米 metre	m	1 米 = 10 分米
千米(公里) kilometre	km	1 千米(公里) = 1000 米

Chinese Measure Words without Tears

二、面积单位表
Units of Square Measure

名称 Name	符号 Symbol	等数 Equivalents
平方毫米 square millimetre	mm^2	
平方厘米 square centimetre	cm^2	1 平方厘米 = 100 平方毫米
平方分米 square decimetre	dm^2	1 平方分米 = 100 平方厘米
平方米 square metre	m^2	1 平方米 = 100 平方分米
平方千米（平方公里） square kilometre	km^2	1 平方千米（公里） = 1000000 平方米

三、体积单位表
Units of Cubic Measure

名称 Name	符号 Symbol	等数 Equivalents
立方毫米 cubic millimeter	mm³	
立方厘米 cubic centimeter	cm³	1 立方厘米 = 1000 立方毫米
立方分米 square decimetre	dm³	1 立方分米 = 1000 立方厘米
立方米 cubic metre	m³	1 立方米 = 1000 立方分米

四、容积单位表
Units of Capacity

名称 Name	符号 Symbol	等数 Equivalents
毫升 millilitre	ml	
厘升 centilitre	cl	1 厘升 = 10 毫升
分升 decilitre	dl	1 分升 = 10 厘升
升 litre	l	1 升 = 10 分升

Chinese Measure Words without Tears

五、质量单位表
Units of Weight

名称 Name	符号 Symbol	等数 Equivalents
毫克 milligram	mg	
厘克 centigram	cg	1 厘克 = 10 毫克
分克 decigram	dg	1 分克 = 10 厘克
克 gram	g	1 克 = 10 分克
千克(公斤) kilogram	kg	1 千克 = 1000 克
吨 ton	t	1 吨 = 1000 千克(公斤)

六、计量单位换算表
Conversion Tables

长度单位换算表
Conversion Tables of Units of Length

1 千米(公里)(kilometre)=2 市里(li)=0.621 英里(mile)=0.540 海里(nautical mile) 1 米(metre)=3 市尺(chi)=3.281 英尺(feet)
1 市里(li)=0.54 千米(公里)(kilometre)=0.311 英里(mile)=0.270 海里(nautical mile)
1 市尺(chi)=0.333 米(metre)=1.094 英尺(feet)
1 英里(mile)=1.609 千米(公里)(kilometres)=3.218 市里(li)=0.869 海里(nautical mile) 1 英尺(foot)=0.305 米(metre)=0.914 市尺(chi)
1 海里(nautical mile)=1.852 千米(公里)(kilometres)=3.704 市里(li)=1.150 英里(miles)

地积单位换算表
Conversion Tables of Units of Area

1 公顷(hectare)=15 市亩(mu)=2.471 英亩(acres)
1 市亩(mu)=6.667 公亩(ares)=0.165 英亩(acre)
1 英亩(acre)=0.405 公顷(hectare)=6.070 市亩(mu)

Chinese Measure Words without Tears

质量(重量)单位换算表
Conversion Tables of Units of Weight

1 千克(公斤)(kilogram) = 2 市斤(jin) = 2.205 英磅(pounds)
1 市斤(jin) = 0.5 千克(公斤)(kilogram) = 1.102 英磅(pounds)
1 英磅(pound) = 0.454 千克(公斤)(kilogram) = 0.907 市斤(jin)

容量单位换算表
Conversion Tables of Units of Capacity

1 升(litre) = 1 市升(sheng) = 0.22 加仑(gallon)
1 加仑(gallon) = 4.546 升(litres) = 4.546 市升(sheng)

市制计量单位表
The Shi System of Weights and Measures

长度 Length	市毫 hao	
	市厘 li	1 市厘 = 10 市毫
	市分 fen	1 市分 = 10 市厘
	市寸 cun	1 市寸 = 10 市分
	市尺 chi	1 市尺 = 10 市寸
	市丈 zhang	1 市丈 = 10 市尺
	市里 li	1 市里 = 150 市丈
面积 Area	平方市毫 square hao	
	平方市厘 square li	1 平方市厘 = 100 平方市毫
	平方市分 square fen	1 平方市分 = 100 平方市厘
	平方市寸 square cun	1 平方市寸 = 100 平方市分
	平方市尺 square chi	1 平方市尺 = 100 平方市寸
	平方市丈 square zhang	1 平方市丈 = 100 平方市尺
	平方市里 square li	1 平方市里 = 22500 平方市丈

地积 Area	市毫 hao	
	市厘 li	1 市厘 = 10 市毫
	市分 fen	1 市分 = 10 市厘
	市亩 mu	1 市亩 = 10 市分
	市顷 qing	1 市顷 = 100 市亩
容量 Capacity	市撮 cuo	
	市勺 shao	1 市勺 = 10 市撮
	市合 ge	1 市合 = 10 市勺
	市升 sheng	1 市升 = 10 市合
	市斗 dou	1 市斗 = 10 市升
	市石 dan	1 市石 = 10 市斗
质量 （重量） Mass （Weight）	市丝 si	
	市毫 hao	1 市毫 = 10 市丝
	市厘 li	1 市厘 = 10 市毫
	市分 fen	1 市分 = 10 市厘
	市钱 qian	1 市钱 = 10 市分
	市两 liang	1 市两 = 10 市钱
	市斤 jin	1 市斤 = 10 市两
	市担 dan	1 市担 = 100 市斤

Chinese Measure Words without Tears

练习（一） 参考答案见171页

一、用适当的量词填空：

一（　）河　　两（　）衣服　　几（　）领带　　五（　）椅子

两（　）大山　十（　）客人　　三（　）树　　　四（　）杂志

六（　）桃

二、把下列名词和相适应的量词用线连起来：

苹果　　　　条

茶几　　　　个

报纸　　　　杆

鱼　　　　　颗

旗　　　　　张

葡萄　　　　份

三、在错误的量词下画"－"号，并在句后的括号内填上正确的量词：

1. 他和我都买了两只鱼和八张鸡。（　　）（　　）
2. 这副画太美了，我真想把它买下来。（　　）
3. 打开一扇窗户，关上一角门。（　　）（　　）
4. 这桶饼干有四包，每包二十具。（　　）（　　）
5. 道路两旁各种了一行树。（　　）

四、在括号内填上适当的名词：

樱桃　　桌子　　顾客　　手套　　行李

高山　　扇子　　花瓶　　茶杯　　啤酒

一副（　　　）

两件(　　)

一张(　　)

几座(　　)

三位(　　)

几颗(　　)

一对(　　)

几把(　　)

两瓶(　　)

五个(　　)

练习(二)　参考答案见172页

一、阅读下面短文,在括号内填进适当量词:

　　这是一(　)繁华的大街。街上人来人往,汽车一(　)接着一(　)。街旁的大商店里,商品琳琅满目,食品柜台里,有各(　)各(　)的酒,一(　)一(　)的饼干,以及各(　)糖果、点心。在服装部,一(　)设计新颖、做工细致的西服特别吸引顾客。两(　)青年顾客议论说:这(　)西服如果配上一(　)合适的领带,穿上一定很潇洒!

二、把下面句子的拼音后面填上汉字,并在横线上写上适当的名词:

1. 他送给我一 shuāng(　　)_____。

2. 我想买三 tiáo(　　)_____煮汤。

3. 小张很爱吃糖,每天都要吃一 kuài(　　)_____。

4. 我买了两 zhāng(　　)_____,请他去看话剧。

5. 门前的一 tiáo(　　)_____上,常有小船来往。

Chinese Measure Words without Tears

三、选择适当的量词填进括号：
1. 我家院子里有一( )枣树。(颗 棵 座)
2. 她有两( )眼镜,一( )在家里,一( )在办公室。(幅 服 副)
3. 今天打靶,他打了五( )子弹都没有打中。(个 杆 发 把)
4. 傍晚,村里每家屋顶的烟囱都冒出( )( )炊烟。(股 缕 次)
5. 张家养了两( )猫和一( )小鸟。(条 匹 头 只 位)

四、辨别下列词语,在量词上标"＊"号(不包括临时量词)：
两只脚 四头骡子 三拳打死镇关西 乌烟瘴气 一个和尚挑水吃 出现了很大的危险 光明就在眼前 睁一只眼闭一只眼 两辆车不一样 十八罗汉斗悟空 满天乌云都消散 树上的鸟儿成双对

练习(三)　参考答案见172页

一、在括号内填上适当的量词：
1. 他从口袋里掏出一( )镜子,端详起自己来。
2. 不知什么时候刮起了一( )风,接着就下起雨来。
3. 屋里陈设很简单,只有一( )桌子、一( )椅子和一( )床。
4. 他买了一( )白酒和一( )酱牛肉,坐在那儿吃喝起来。
5. 这里的风景真美,一( )森林,一( )明净的湖水,天上一( )白云,草地上一( )骏马在追逐,如同进入画面。

二、在下列句子的错误量词下面加"－"号,把正确的量词填在后面的括号里：
1. 这一出楼里,住着三十多张人家。( )( )

2. 他买了一块笔和一支墨。（ ）（ ）
3. 早上，牧民赶着一堆牛羊去放牧。（ ）
4. 为了游览方便，我买了一页地图。（ ）
5. 他每天早上喝一桶牛奶，吃两顿面包。（ ）（ ）

三、看拼音，填量词：

1. 天气真热，他把外面的一 jiàn（ ）西服脱了。
2. 他家的葡萄长得好，一 chuàn（ ）chuàn（ ）紫葡萄可爱极了。
3. 周末，我们去钓鱼，每个人都钓上了三、四 tiáo（ ）鱼。
4. 湖面上冻了一 céng（ ）冰，孩子们在冰上滑来滑去。
5. 他去看美术展览，一 fú（ ）国画吸引了他。

四、把下面的名词和相适应的量词用线连起来：

菊花　　　　　出
井　　　　　　瓶
京剧　　　　　盏
椅子　　　　　朵
矿泉水　　　　把
钢琴　　　　　口
鞋　　　　　　盒
电灯　　　　　架
饼干　　　　　双

Chinese Measure Words without Tears

练习(四) 参考答案见172~173页

一、阅读下面短文,在括号内填进适当量词:

这( )饭店规模很大,来往的旅客也很多。每( )房间几乎都住满了客人。楼上和楼下分别有三( )餐厅,供应四川、广东菜和西餐。开饭的时候,服务员不停地把一( )( )的饮料和一( )( )不同风味的饭菜送到客人桌上。餐厅里一( )( )灯发出柔和的灯光,扩音器里播放着一( )( )轻松的乐曲,构成和谐的气氛。在舞厅里,一( )( )舞伴翩翩起舞。来自各( )国家的旅客对这里的环境都比较满意。

二、阅读下列各组词语,比较不同量词的意思:

1. 一瓣桔子　　一个桔子　　一斤桔子　　一箱桔子
2. 一位客人　　一群客人　　一队客人
3. 一根电线　　一截电线　　一卷电线　　一捆电线
4. 一棵树　　　一排树　　　一行树　　　一片树
5. 一颗花生米　一包花生米　一袋花生米　一斤花生米
6. 一支香烟　　一盒香烟　　一条香烟

三、在下列句子中的错误量词下标"－"号,并把正确的填在括号里:

1. 天上闪过一支雪亮的闪电,接着响起一部雷。( )( )
2. 抽一带烟的功夫,他就回来了。( )
3. 往前走,到下一口十字路口往右拐。( )
4. 他来这儿三去,每去都遇到我。( )( )
5. 这本宴会共有六到菜,每到都有自己的特点。( )( )

169

( )

四、在横线上填上适当的名词:
1. 我在鞋店新买了一双_____。
2. 他的视力不太好,配了一副_____。
3. 每天吃晚饭的时候,他总要喝几杯_____。
4. 这条_____的两边,有整齐的树和两排_____。
5. 学校有十二个班,每个班有三十多个_____。

练习(五) 参考答案见173页

一、在括号内填上适当的量词:
1. 她在得了一( )大病以后,瘦多了。
2. 小芳特别爱唱歌,唱完一( )又唱一( )。
3. 这( )玫瑰真好看,一共开了十六( )花。
4. 他不小心丢了门上的一( )钥匙。
5. 这( )足球赛是一( )精彩的比赛。

二、在下面词语中错误的量词下加"-"号,把正确的量词填在括号里面:
1. 一跳白菜( )
2. 三家邻居( )
3. 一站明灯( )
4. 一棒小米( )
5. 两抬酒席( )
6. 三枚大炮( )

Chinese Measure Words without Tears

三、看拼音,填量词:

1. 在集市上,他一眼就看中了那 pǐ _____ 好马。
2. 早上他买了三 fèn _____ 报,却没有时间看。
3. 老刘和小吴是他的两 wèi _____ 好朋友。
4. 阳光照在窗外的几 gǎn _____ 竹子上,映得窗内一片翠绿。
5. 他没有吃晚饭,只买了两 gè _____ 面包和一 kuài _____ 酱牛肉。

四、选择适当的名词填进括号里:(电话 生日蛋糕 酒 鲜花 晚饭 面条)

　　张先生今天过生日。他的夫人一早就到商店去了。她买了一瓶好( ),一大块( ),因为过生日要吃长寿面,她又买了一斤( )。她想:今天晚上要高高兴兴地吃一顿( )。张先生下班回家以后,远在国外的女儿给他打来了一个( ),祝他健康长寿。朋友李先生委托商店送来一束( ),张先生高兴极了。

练习(一)参考答案

一、(条)(件)(条)(把)(座)(位)(棵)(本)(个)

二、苹果—个 茶几—张 报纸—份 鱼—条 旗—杆 葡萄—颗

三、1.只-(条) 张-(只) 2.副-(幅) 3.角-(扇) 4.桶-(瓶)具-(块)

四、(手套)(行李)(桌子)(高山)(顾客)(樱桃)(花瓶)(扇子)(啤酒)(茶杯)

练习(二)参考答案

一、(条) (辆) (辆) (种) (样) (筒) (筒) (种) (套) (位) (套) (条)

二、1.(双)皮鞋 2.(条)鲜鱼 3.(块)巧克力 4.(张)戏票 5.(条)河

三、1.(棵) 2.(副)(副)(副) 3.(发) 4.(缕)(缕) 5.(只)(只)

四、只＊ 头＊ 个＊ 只＊ 辆＊ 双＊ 对＊

练习(三)参考答案

一、1.(面) 2.(阵) 3.(张)(把)(张) 4.(瓶)(包) 5.(处)(片)(朵)(群)

二、1.出－(幢)张－(户) 2.块－(支)支－(块) 3.堆－(群) 4.页－(张) 5.桶－(杯)顿－(片)

三、1.(件) 2.(串)(串) 3.条 4.(层) 5.(幅)

四、菊花—朵 井—口 京剧—出 椅子—把 矿泉水—瓶 钢琴—架 鞋—双 电灯—盏 饼干—盒

练习(四)参考答案

一、(家) (个) (个) (瓶) (瓶) (盘) (盘) (盏) (盏) (首) (首) (对) (对) (个)

二、略。

三、1.支-(道) 部-(声) 2.带-(袋) 3.口-(个) 4.去-(次) 去-(次) 5.本-(个) 到-(道) 到-(道)

四、1.皮鞋 2.眼镜 3.酒 4.马路 路灯 5.学生

练习(五)参考答案

一、1.(场) 2.(首)(首) 3.(棵或盆)(朵) 4.(把) 5.(次)(场)

二、1.跳-(挑) 3.站-(盏) 4.棒-(捧) 5.抬-(桌) 6.枚-(门)

三、1.匹 2.份 3.位 4.杆 5.个 块

四、(酒) (生日蛋糕) (面条) (晚饭) (电话) (鲜花)

自测练习题

说明:下面的几组练习题是提供给读者自己做的,为了评分方便,我们把答案附在整个练习的后面,请您自己评分。如果您的分数在 85 分以上,说明这本书的内容您已经掌握得很好了。

一、在下面短文的括号内填入量词:(10 分)

现在让我们来做一( )游戏,我们八( )人对面站成两( )。伸出两( )手来互相推,上身可以动,脚不许动。谁的一( )脚先动了,就算输。

二、选择适当的量词填空(只、匹、头、个、把、张、所、发、枝、对、粒):(共 10 分)

1. 张先生养了两( )小鸟。(2 分)
2. 办公室里缺少一( )椅子。(2 分)
3. 我有两( )电影票,咱们去看电影,好吗?(2 分)
4. 他给他的女朋友买了一( )玫瑰花。(2 分)
5. 这么多人当中,她只看见了一( )熟悉的脸。(2 分)

三、把下列各句中的错误量词划去,在括号里填上正确的量词:(共 10 分)

1. 天黑以后,邻居家的那匹狗就大声叫了起来。( )(2 分)
2. 宴会上一共有十对菜,使人们大饱口福。( )(2 分)
3. 她对着那粒镜子,照来照去。( )(2 分)
4. 他收藏了三艘名贵的扇子。( )(2 分)

Chinese Measure Words without Tears

5. 枪里的子弹只剩两只了。(　　)(2分)

四、把下面的词语和相应的量词用线连起来：(10分)

词典　　　　扇
饼干　　　　轮
战争　　　　本
明月　　　　包
窗户　　　　场

五、改正下面句子中错误的量词，把正确的填在括号里：(60分)

1. 这居(　　)书房里有五枝(　　)灯，显得很明亮。两支(　　)书橱立在墙边，里面的书一步步(　　)地摆放得很整齐。

2. 小张和小王去逛商店。小张买了一对(　　)黄皮鞋和一副(　　)白袜子；小王买了一件(　　)蓝裙子和一幅(　　)黑手套。

3. 秋天，果篮里的水果那么诱人。四粒(　　)红红的苹果，一根(　　)葡萄，五只(　　)香蕉，还有一串(　　)菠萝。

4. 张先生去钓鱼，今天他的运气不好，钓了半天，一支(　　)鱼也没有钓上来，只好空手回家了。张太太已经做好了一席(　　)好菜，只是桌子中间还放着一面(　　)空盘子，等着钓回来的鱼呢。

5. 树下面有一条(　　)清澈的泉水。一员(　　)老牧民赶着一堆(　　)羊从远处走来，牧民看到清泉，高兴极了。他用双手捧起泉水来喝了两嘴(　　)，连声说："真甜，真好喝！"

6. 小红是个爱美的姑娘，今天为了见男朋友，她特意打扮了一身(　　)。她头上插了一副(　　)鲜花，额头前留着几溜(　　)头发，脖子上挂了一列(　　)项链，胸前别着一朵(　　)胸针，手上戴了一根(　　)金黄色手表，最后把一袭(　　)西服套装穿在身上。

7. 小张住的那所( )楼前边有一篇( )草地,草地周围种满一根根( )的小树,天气好的时候,他就会搬一张( )椅子坐在树下读书。

自测题答案

一、(个)、(个)、(排)、(只)、(只)。

二、1. 只　2. 把　3. 张　4. 枝　5. 张。

三、1. 只　2. 道　3. 面　4. 把　5. 发

四、词典——(本)

　　饼干——(包)

　　战争——(场)

　　明月——(轮)

　　窗户——(扇)

五、1. 间;盏;个;排。

　　2. 双;双;条;副。

　　3. 个;串;根;个。

　　4. 条;桌;只。

　　5. 眼;位(个);群;口。

　　6. 下;朵;绺;串(条,根);枚;块;身(套)。

　　7. 幢(座);片;棵;把。

Chinese Measure Words without Tears

量词笔画检字表

三画

下 xià	133	
口 kǒu	90	
个 gè	64	
丸 wán	127	
门 mén	102	

四画

支 zhī	147
匹 pǐ	108
手 shǒu	115
片 piàn	109
分 fēn	54
文 wén	130
方 fāng	52
户 hù	75
队 duì	46
双 shuāng	117

五画

丛 cóng	28
丝 sī	118
代 dài	31
册 cè	16
出 chū	23
包 bāo	8
发 fā	50
句 jù	86
只 zhī	149
台 tái	119
号 hào	74
处 chù	23
头 tóu	125
对 duì	47
打 dá	30
本 běn	10
节 jié	83
记 jì	78

六画

件 jiàn	81
任 rèn	113
份 fèn	57
伙 huǒ	76
列 liè	95
名 míng	103
回 huí	75
团 tuán	126
场 cháng	20
场 chǎng	21
巡 xún	139
旬 xún	138
朵 duǒ	49
次 cì	26
级 jí	77
羽 yǔ	142
行 háng	73
阵 zhèn	146
页 yè	142

七画

批 pī	108
块 kuài	92
把 bǎ	1
声 shēng	115
杆 gǎn	63
束 shù	116
步 bù	14
串 chuàn	24
员 yuán	143

177

位 wèi	129	股 gǔ	71	面 miàn	102
身 shēn	113	服 fù	63	项 xiàng	135
条 tiáo	123	剂 jì	79	首 shǒu	116
言 yán	139	刻 kè	90		
床 chuáng	26	卷 juǎn	87	十画	
间 jiān	81	卷 juàn	88	班 bān	4
汪 wāng	127	泡 pāo	107	盏 zhǎn	144
层 céng	17	宗 zōng	156	起 qǐ	111
尾 wěi	128	房 fáng	53	捆 kǔn	93
局 jú	86	届 jiè	85	档(子) dàng(zi)	33
张 zhāng	144	线 xiàn	135	株 zhū	154
				样 yàng	141
八画		九画		桩 zhuāng	154
抹 mǒ	104	封 fēng	59	根 gēn	68
担 dàn	32	帮 bāng	7	套 tào	122
顶 dǐng	40	度 dù	42	顿 dùn	48
拨 bō	13	挂 guà	72	桌 zhuō	155
抬 tái	120	架 jià	80	峰 fēng	59
枝 zhī	151	栋 dòng	40	笔 bǐ	11
枚 méi	101	段 duàn	43	席 xí	131
码 mǎ	100	派 pài	105	座 zuò	157
垄 lǒng	97	点 diǎn	37	部 bù	15
轮 lún	99	盅 zhōng	152	流 liú	96
些 xiē	136	种 zhǒng	152	家 jiā	79
味 wèi	128	类 lèi	94	扇 shàn	113
沓(儿) dár	30	贴 tiē	124	通 tòng	125
版 bǎn	5	轴 zhóu	153		
所 suǒ	119	重 chóng	22		

Chinese Measure Words without Tears

十一画

捧 pěng	107	
堵 dǔ	42	
排 pái	105	
堆 duī	46	
副 fù	61	
袭 xí	132	
辆 liàng	95	
堂 táng	121	
眼 yǎn	140	
圈 quān	111	
袋 dài	31	
盘 pán	106	
粒 lì	94	
宿 xiǔ	138	
绺 liǔ	96	

十二画

尊 zūn	156	
幅 fú	59	
期 qī	110	
棵 kē	88	
番 fān	50	
窝 wō	131	
等 děng	36	
缕 lǚ	98	
辈 bèi	9	
辈子 bèizi	9	
遍 biàn	12	
道 dào	33	
幕 mù	104	
摊 tān	120	
蓬 péng	107	

十三画

嘟噜 dūlu	41	
路 lù	98	
溜 liù	97	
群 qún	112	
叠 dié	39	

十四画

摞 luò	100	

十五画

截 jié	84	
遭 zāo	143	
颗 kē	89	
管 guǎn	73	
滴 dī	37	
幢 zhuàng	155	
撮 cuō	29	
撮 zuǒ	157	
篇 piān	109	
艘 sōu	119	
趟 tàng	121	

十六画

餐 cān	16	
簇 cù	28	

十九画

瓣 bàn	7	

汉语拼音检字表

B			处 chù	23	度 dù	42
			串 chuàn	24	段 duàn	43
把 bǎ		1	床 chuáng	26	堆 duī	46
班 bān		4	次 cì	26	队 duì	46
版 bǎn		5	丛 cóng	28	对 duì	47
瓣 bàn		7	簇 cù	28	顿 dùn	48
帮 bāng		7	撮 cuō	29	朵 duǒ	49
包 bāo		8	D		F	
辈 bèi		9				
辈子 bèizi		9	打 dá	30	发 fā	50
本 běn		10	沓 dá(r)	30	番 fān	50
笔 bǐ		11	代 dài	31	方 fāng	52
遍 biàn		12	袋 dài	31	房 fáng	53
拨 bō		13	担 dàn	32	分 fēn	54
步 bù		14	档(子) dàng(zi)	33	份 fèn	57
部 bù		15	道 dào	33	封 fēng	59
C			等 děng	36	峰 fēng	59
餐 cān		16	滴 dī	37	幅 fú	59
册 cè		16	点 diǎn	37	副 fù	61
层 céng		17	叠 dié	39	服 fù	63
场 cháng		20	顶 dǐng	40	G	
场 chǎng		21	栋 dòng	40	杆 gǎn	63
重 chóng		22	嘟噜 dūlu	41	个 gè	64
出 chū		23	堵 dǔ	42	根 gēn	68

Chinese Measure Words without Tears

股 gǔ	71	
挂 guà	72	
管 guǎn	73	

H

行 háng	73
号 hào	74
户 hù	75
回 huí	75
伙 huǒ	76

J

级 jí	77
记 jì	78
剂 jì	79
家 jiā	79
架 jià	80
间 jiān	81
件 jiàn	81
节 jié	83
截 jié	84
届 jiè	85
局 jú	86
句 jù	86
卷 juǎn	87
卷 juàn	88

K

棵 kē	88
颗 kē	89
刻 kè	90
口 kǒu	90
块 kuài	92
捆 kǔn	93

L

类 lèi	94
粒 lì	94
辆 liàng	95
列 liè	95
流 liú	96
绺 liǔ	96
溜 liù	97
垄 lǒng	97
路 lù	98
缕 lǚ	98
轮 lún	99
摞 luò	100

M

码 mǎ	100
枚 méi	101
门 mén	102
面 miàn	102
名 míng	103
抹 mǒ	104
幕 mù	104

P

排 pái	105
派 pài	105
盘 pán	106
泡 pāo	107
蓬 péng	107
捧 pěng	107
批 pī	108
匹 pǐ	108
篇 piān	109
片 piàn	109

Q

期 qī	110
起 qǐ	111
圈 quān	111
群 qún	112

R

任 rèn	113

S

扇 shàn	113
身 shēn	113

声 shēng	115	
手 shǒu	115	
首 shǒu	116	
束 shù	116	
双 shuāng	117	
丝 sī	118	
艘 sōu	119	
所 suǒ	119	

T

台 tái	119
抬 tái	120
摊 tān	120
堂 táng	121
趟 tàng	121
套 tào	122
条 tiáo	123
贴 tiē	124
通 tòng	125
头 tóu	125
团 tuán	126

W

丸 wán	127
汪 wāng	127
尾 wěi	128
味 wèi	128
位 wèi	129
文 wén	130
窝 wō	131

X

席 xí	131
袭 xí	132
下 xià	133
线 xiàn	135
项 xiàng	135
些 xiē	136
宿 xiǔ	138
旬 xún	138
巡 xún	139

Y

言 yán	139
眼 yǎn	140
样 yàng	141
页 yè	142
羽 yǔ	142
员 yuán	143

Z

遭 zāo	143
盏 zhǎn	144
张 zhāng	144
阵 zhèn	146
支 zhī	147
只 zhī	149
枝 zhī	151
盅 zhōng	152
种 zhǒng	152
轴 zhóu	153
株 zhū	154
桩 zhuāng	154
幢 zhuàng	155
桌 zhuō	155
宗 zōng	156
尊 zūn	156
撮 zuǒ	157
座 zuò	157

Chinese Measure Words without Tears

名词、量词对照表

A	
哀思 āisī	缕 lǚ
哀叹 āitàn	声 shēng
案件 ànjiàn	件 jiàn，起 qǐ
B	
白杨树 báiyángshù	列 liè，棵 kē
白云 bái yún	朵 duǒ
包围 bāowéi	重 chóng
报纸 bàozhǐ	份 fèn，捆 kǔn，沓 dá，张 zhāng
暴风雪 bàofēngxuě	场 cháng
悲哀 bēi'āi	（一）份 fèn
悲剧 bēijù	出 chū，场 chǎng
被子 bèizi	床 chuáng，条 tiáo
鼻子 bízi	个 gè，只 zhī
比赛 bǐsài	场 chǎng，项 xiàng，局 jú，盘 pán
笔 bǐ	枝 zhī，管 guǎn
毕业生 bìyèshēng	届 jiè，个 gè，批 pī
鞭炮 biānpào	挂 guà
辫子 biànzi	根 gēn，条 tiáo
冰 bīng	层 céng，块 kuài
饼干 bǐnggān	包 bāo，片 piàn，块 kuài
病 bìng	场 cháng
玻璃 bōlí	层 céng，块 kuài

183

布 bù	块 kuài，匹 pǐ，幅 fú
C	
菜 cài	道 dào，捆 kǔn，手 shǒu，样 yàng，盘 pán
苍蝇 cāngying	只 zhī，个 gè
舱 cāng	等 děng
草 cǎo	棵 kē，根 gēn，株 zhū，片 piàn，丛 cōng
茶点 chádiǎn	份 fèn，道 dào
茶壶 cháhú	把 bǎ
茶几 chájī	张 zhāng
茶叶 cháyè	级 jí，包 bāo
柴（火）chái(huo)	捆 kǔn，担 dàn
产品 chǎnpǐn	批 pī，件 jiàn
场景 chǎngjǐng	堂 táng，幕 mù，台 tái
车 chē	班 bān，挂 guà，辆 liàng
车票 chē piào	张 zhāng
车厢 chēxiāng	节 jié，个 gè
衬衫 chènshān	件 jiàn
秤 chèng	杆 gǎn
绸子 chóuzi	匹 pǐ，块 kuài
出版社 chūbǎnshè	家 jiā，个 gè
船 chuán	只 zhī，条 tiáo
窗（户）chuāng(hu)	扇 shàn，层 céng，个 gè
床 chuáng	张 zhāng，个 gè
炊烟 chuīyān	缕 lǚ
葱 cōng	根 gēn，垄 lǒng，行 háng，棵 kē
脆枣 cuìzǎo	挂 guà，个 gè
错误 cuòwù	处 chù，点 diǎn

184

Chinese Measure Words without Tears

D

大将 dà jiàng	员 yuán
单衣 dān yī	袭 xí, 件 jiàn
蛋糕 dàngāo	块 kuài, 个 gè
刀 dāo	口 kǒu, 把 bǎ
岛屿 dǎoyǔ	群 qún
道 dào	股 gǔ, 条 tiáo
灯 dēng	盏 zhǎn, 个 gè
灯光 dēngguāng	束 shù
灯笼 dēnglong	溜 liù, 只 zhī, 个 gè
敌军 dí jūn	股 gǔ, 队 duì
地图 dìtú	张 zhāng, 幅 fú, 本 běn, 册 cè
点心 diǎnxin	样 yàng, 份 fèn, 块 kuài
电话 diànhuà	部 bù, 个 gè
电报 diànbào	封 fēng
电池 diànchí	节 jié
电视机 diànshìjī	台 tái, 架 jià
电线 diànxiàn	截 jié, 卷 juǎn, 盘 pán, 段 duàn, 条 tiáo
电影 diànyǐng	部 bù, 场 chǎng, 个 gè
钓鱼竿 diàoyúgān	副 fù, 根 gēn
东西 dōngxi	包 bāo, (一)点 diǎn, 样 yàng, 件 jiàn
豆芽 dòuyá	根 gēn
豆(子) dòu(zi)	垄 lǒng, 捧 pěng, 粒 lì, 颗 kē
队伍 duìwu	排 pái, 支 zhī, 路 lù
对联 duìlián	副 fù

C

儿媳妇 érxífu	房 fáng, 个 gè

耳朵 ěrduo	只 zhī，个 gè，对 duì，双 shuāng
耳光 ěrguāng	记 jì
耳环 ěrhuán	对 duì，副 fù，个 gè，只 zhī
F	
帆船 fānchuán	只 zhī，条 tiáo
饭 fàn	顿 dùn，餐 cān，份 fèn，桌 zhuō，口 kǒu
饭店 fàndiàn	家 jiā，个 gè
房（间）fángjiān	间 jiān
房子 fángzi	栋 dòng，溜 liù，所 suǒ，间 jiān，幢 zhuàng
飞机 fēijī	班 bān，架 jià
肥皂 féizào	条 tiáo，块 kuài
风 fēng	级 jí，阵 zhèn，场 cháng，股 gǔ
风光 fēngguāng	（一）派 pài
风景 fēngjǐng	处 chù，幅 fú
风雨 fēngyǔ	番 fān
缝 fèng	道 dào，丝 sī
凤尾竹 fèngwěizhú	蓬 péng
夫妻 fūqī	对 duì
浮云 fúyún	抹 mǒ
G	
感觉 gǎnjué	种 zhǒng
钢轨 gāngguǐ	根 gēn
钢琴 gāngqín	架 jià
高粱 gāoliang	棵 kē
膏药 gāoyào	贴 tiē
歌词 gēcí	段 duàn
歌曲 gēqǔ	首 shǒu，支 zhī

Chinese Measure Words without Tears

跟头 gēntou	个 gè
工序 gōngxù	道 dào
弓 gōng	张 zhāng
公共汽车 gōnggòngqìchē	路 lù, 辆 liàng
功 gōng	等 děng
功夫 gōngfu	(一)番 fān
沟 gōu	道 dào, 条 tiáo
狗 gǒu	条 tiáo, 只 zhī
骨头 gǔtou	把 bǎ, 节 jié, 根 gēn, 块 kuài
瓜子 guāzǐ	把 bǎ, 颗 kē, 粒 lì
关卡 guānkǎ	道 dào
观众 guānzhòng	(一)群 qún, 个 gè
管子 guǎnzi	段 duàn, 根 gēn, 截 jié
灌木 guànmù	丛 cōng
光 guāng	支 zhī, 道 dào
光明 guāngmíng	(一)线 xiàn
国旗 guóqí	幅 fú, 面 miàn
H	
汉子 hànzi	条 tiáo, 个 gè
汗 hàn	滴 dī
旱烟袋 hànyāndài	杆 gǎn
好处 hǎochù	(一)点 diǎn
好手 hǎoshǒu	(一)把 bǎ
好意 hǎoyì	(一)番 fān
好字 hǎo zì	(一)笔 bǐ
和气 héqì	(一)团 tuán
河 hé	条 tiáo, 道 dào

胡萝卜 húluóbo	根 gēn
胡须 húxū	根 gēn, 绺 liǔ, 把 bǎ, 撇 piě, 撮 zuǒ
花 huā	把 bǎ, 枝 zhī, 朵 duǒ, 瓣 bàn, 束 shù, 簇 cù
画 huà	卷 juàn, 张 zhāng, 轴 zhóu, 笔 bǐ, 幅 fú
话 huà	（半）截（bàn）jié, 串 chuàn, 段 duàn, 句 jù,（一）席 xí
…话…huà	（一）口 kǒu
坏蛋 huàidàn	个 gè
坏人 huàirén	（一）撮 cuō
欢呼 huānhū	（一）片 piàn,（一）阵 zhèn
荒地 huāngdì	处 chù, 块 kuài
黄瓜 huángguā	条 tiáo, 根 gēn
灰 huī	层 céng, 把 bǎ
会谈 huìtán	轮 lún
婚事 hūnshì	门 mén
混乱 hùnluàn	（一）片 piàn,（一）场 cháng
活动 huódòng	项 xiàng
火 huǒ	把 bǎ, 团 tuán
火柴 huǒchái	根 gēn
火车 huǒchē	列 liè, 趟 tàng, 节 jié
货 huò	（一）路 lù, 批 pī
J	
机床 jīchuáng	台 tái
机会 jīhuì	次 cì, 个 gè
机器 jīqì	部 bù, 架 jià, 台 tái
鸡 jī	只 zhī, 个 gè
鸡蛋 jīdàn	打 dá, 个 gè

Chinese Measure Words without Tears

家具 jiājù	件 jiàn, 套 tào
架势 jiàshì	(一)派 pài, (一)副 fù
建议 jiànyì	点 diǎn, 条 tiáo
舰 jiàn	艘 sōu, 只 zhī
奖章 jiǎngzhāng	枚 méi
轿子 jiàozi	顶 dǐng, 乘 chèng, 抬 tái
教训 jiàoxùn	次 cì, 个 gè
结果 jiéguǒ	个 gè
劲 jìn	股 gǔ, 把 bǎ
劲射 jìng shè	记 jì
京剧 jīngjù	台 tái, 出 chū
经历 jīnglì	段 duàn
井 jǐng	眼 yǎn, 口 kǒu, 个 gè
景色 jǐngsè	幅 fú, 片 piàn
景象 jǐngxiàng	(一)番 fān
镜子 jìngzi	面 miàn, 块 kuài, 个 gè
韭菜 jiǔcài	把 bǎ, 根 gēn, 捆 kǔn
居民 jūmín	户 hù, 家 jiā
剧 jù	幕 mù
剧痛 jùtòng	(一)阵 zhèn
距离 jùlí	段 duàn
决定 juédìng	项 xiàng, 个 gè
军队 jūnduì	支 zhī
军官 jūnguān	名 míng
K	
看法 kànfǎ	点 diǎn, 个 gè
考察 kǎochá	(一)番 fān

考虑 kǎolǜ	层 céng
考题 kǎotí	道 dào
客轮 kèlún	艘 sōu，只 zhī，条 tiáo
客人 kèren	位 wèi，个 gè
课 kè	门 mén，堂 táng，节 jié
空间 kōngjiān	席 xí，个 gè
口子 kǒuzi	道 dào
苦心 kǔxīn	（一）番 fān
裤子 kùzi	条 tiáo
快艇 kuàitǐng	只 zhī，艘 sōu
筷子 kuàizi	把 bǎ，根 gēn，双 shuāng，支 zhī
款项 kuǎnxiàng	宗 zōng
矿 kuàng	眼 yǎn，座 zuò，个 gè
L	
垃圾 lājī	撮 cuō，堆 duī
腊肉 làròu	方 fāng，块 kuài
蜡烛 làzhú	根 gēn，支 zhī
来宾 láibīn	位 wèi
狼 láng	群 qún，只 zhī，条 tiáo，个 gè
老虎 lǎohǔ	只 zhī，个 gè
老头儿 lǎotóur	个 gè
烙饼 làobǐng	张 zhāng，块 kuài
冷风 lěngfēng	股 gǔ，阵 zhèn
礼品 lǐpǐn	件 jiàn，份 fèn
力气 lìqì	（一）把 bǎ，股 gǔ
历史 lìshǐ	段 duàn
脸 liǎn	张 zhāng

Chinese Measure Words without Tears

亮光 liàngguāng	点 diǎn, 丝 sī
领带 lǐngdài	条 tiáo, 根 gēn
留学生 liúxuésheng	批 pī, 个 gè
流氓 liúmáng	(一)撮 cuō, 个 gè
楼 lóu	层 céng, 幢 zhuàng, 栋 dòng, 排 pái, 座 zuò
录像带 lùxiàngdài	盘 pán
路 lù	截 jié, 条 tiáo
路程 lùchéng	段 duàn
路灯 lùdēng	盏 zhǎn
轮船 lúnchuán	艘 sōu
论文 lùnwén	篇 piān
骡子 luózi	匹 pǐ, 头 tóu
骆驼 luòtuo	峰 fēng, 匹 pǐ, 个 gè
M	
马 mǎ	匹 pǐ
马路 mǎlù	条 tiáo
蚂蚁 mǎyǐ	窝 wō, 只 zhī
买卖 mǎimài	笔 bǐ,
麦穗 màisuì	根 gēn, 棵 kē, 株 zhū
猫 māo	窝 wō, 只 zhī, 个 gè
毛 máo	撮 zuǒ, 根 gēn, 绺 liǔ
毛笔 máobǐ	管 guǎn, 根 gēn, 枝 zhī
毛发 máofà	簇 cù, 撮 zuǒ
毛线 máoxiàn	根 gēn, 股 gǔ, 绺 liǔ
茅草 máocǎo	蓬 péng
帽子 màozi	顶 dǐng, 个 gè
门 mén	道 dào, 扇 shàn, 个 gè

米 mǐ	包 bāo, 袋 dài, 把 bǎ, 粒 lì
棉花 miánhuā	朵 duǒ, 团 tuán
命令 mìnglìng	道 dào, 个 gè, 条 tiáo
磨 mò	盘 pán, 个 gè, 眼 yǎn
磨盘 mòpán	扇 shàn
木板 mùbǎn	截 jié, 扇 shàn, 块 kuài
木材 mùcái	方 fāng, 块 kuài
木头 mùtou	段 duàn, 块 kuài, 根 gēn
N	
难关 nánguān	道 dào
难民 nànmín	股 gǔ, 个 gè, 伙 huǒ
年纪 niánji	(一)把 bǎ
年轻人 niánqīngrén	伙 huǒ, 个 gè
鸟 niǎo	只 zhī, 个 gè
牛 niú	头 tóu, 条 tiáo
牛皮 niúpí	张 zhāng
农具 nóngjù	件 jiàn
农民 nóngmín	户 hù, 个 gè
怒吼 nù hǒu	声 shēng
O	
藕 ǒu	节 jié, 根 gēn
P	
牌 pái	张 zhāng, 圈 quān, 副 fù
盘子 pánzi	叠 dié, 摞 luò, 个 gè
炮 pào	门 mén, 尊 zūn
炮弹 pàodàn	发 fā, 个 gè
朋友 péngyou	帮 bāng, 个 gè

Chinese Measure Words without Tears

霹雳 pīlì	个 gè
皮 pí	层 céng, 张 zhāng, 块 kuài
皮箱 píxiāng	口 kǒu, 个 gè, 只 zhī
苹果 píngguǒ	个 gè
屏风 píngfēng	架 jià, 扇 shàn
铺盖 pūgài	床 chuáng, 卷 juǎn
葡萄 pútáo	串 chuàn, 嘟噜 dūlu, 架 jià, 粒 lì, 颗 kē
Q	
棋 qí	步 bù, 盘 pán, 副 fù
旗 qí	面 miàn, 杆 gǎn
企业 qǐyè	家 jiā, 个 gè
气 qì	口 kǒu, 股 gǔ, 团 tuán, 缕 lǚ
气息 qìxī	种 zhǒng, 股 gǔ
汽车 qìchē	部 bù, 辆 liàng,
卡车 kǎchē	部 bù, 辆 liàng
铅笔 qiānbǐ	打 dá, 枝 zhī, 杆 gǎn
钱 qián	笔 bǐ, 沓 dá, 文 wén
枪 qiāng	杆 gǎn, 枝 zhī, 条 tiáo
…腔…qiāng	(一) 口 kǒu
强盗 qiángdào	帮 bāng, 伙 huǒ, 个 gè
墙 qiáng	道 dào, 堵 dǔ, 垛 duǒ
桥 qiáo	座 zuò, 个 gè
亲戚 qīnqi	门 mén, 个 gè, 家 jiā, 处 chù
情况 qíngkuàng	类 lèi, 种 zhǒng, 个 gè
球 qiú	场 chǎng, 个 gè
泉 quán	眼 yǎn
泉水 quánshuǐ	股 gǔ, 汪 wāng

R	
人 rén	帮 bāng，拨 bō，堆 duī，（一）号 hào，口 kǒu，路 lù，（一）些 xiē，种 zhǒng，个 gè
人马 rénmǎ	班 bān，队 duì
人命 rén mìng	条 tiáo
人物肖像 rénwù xiāoxiàng	幅 fú
任务 rènwù	项 xiàng，个 gè
日子 rìzi	些 xiē，段 duàn
柔情 róuqíng	（一）片 piàn
肉 ròu	片 piàn，块 kuài
S	
伞 sǎn	把 bǎ
散文 sǎnwén	篇 piān，段 duàn
嗓子 sǎngzi	条 tiáo，副 fù，个 gè
沙发 shāfā	对 duì，个 gè
沙滩 shātān	片 piàn，块 kuài
沙子 shāzi	颗 kē，粒 lì，把 bǎ
砂石 shāshí	方 fāng
山 shān	重 chóng，座 zuò
山楂果 shānzhāguǒ	挂 guà，个 gè
扇子 shànzi	把 bǎ
伤疤 shāngbā	道 dào，块 kuài，条 tiáo
商品 shāngpǐn	样 yàng，种 zhǒng，个 gè，件 jiàn，批 pī
商人 shāngrén	伙 huǒ，个 gè
勺子 sháozi	把 bǎ，个 gè
设想 shèxiǎng	个 gè，种 zhǒng
生机 shēngjī	（一）线 xiàn

Chinese Measure Words without Tears

生力军 shēnglìjūn	支 zhī
绳子 shéngzi	段 duàn, 根 gēn, 缕 lǚ, 条 tiáo
诗 shī	句 jù, 首 shǒu, 行 háng, 言 yán
时间 shíjiān	(一)段 duàn, (一)些 xiē
屎 shǐ	泡 pāo
市容 shìróng	(一)派 pài
事 shì	档(子) dàng(zi), 回 huí, 件 jiàn, 码 mǎ
事故 shìgù	次 cì, 起 qǐ
事情 shìqing	(一)些 xiē, 桩 zhuāng, 件 jiàn
事业 shìyè	项 xiàng
手 shǒu	双 shuāng, 只 zhī
手表 shǒubiǎo	块 kuài, 只 zhī, 个 gè
手榴弹 shǒuliúdàn	颗 kē, 个 gè
手套 shǒutào	副 fù, 只 zhī, 双 shuāng
手续 shǒuxù	道 dào, 个 gè
手艺 shǒuyì	手 shǒu, 道 dào
书 shū	本 běn, 堆 duī, 卷 juàn, 摞 luò, 言 yán, 册 cè, 部 bù, 套 tào
蔬菜 shūcài	种 zhǒng
树 shù	棵 kē, 株 zhū, 行 háng
树叶 shùyè	堆 duī, 片 piàn
树枝 shùzhī	截 jié, 根 gēn, 枝 zhī
数 shù	位 wèi, 个 gè
水 shuǐ	担 dàn, 滴 dī, 滩 tān, 汪 wāng
水花 shuǐhuā	朵 duǒ
水库 shuǐkù	座 zuò, 个 gè
丝带 sīdài	绺 liǔ, 根 gēn, 条 tiáo
塑像 sùxiàng	尊 zūn, 座 zuò, 个 gè

195

蒜 suàn	瓣 bàn, 头 tóu
T	
台灯 táidēng	盏 zhǎn
台阶 táijiē	层 céng, 级 jí, 个 gè
太阳 tàiyáng	轮 lún, 个 gè
汤药 tāngyào	副 fù, 服 fù, 剂 jì
糖 táng	包 bāo, 块 kuài, 颗 kē
糖葫芦 tánghúlu	串 chuàn
套餐 tàocān	份 fèn
题 tí	道 dào, 个 gè
天空 tiānkōng	片 piàn
田 tián	块 kuài
条件 tiáojiàn	项 xiàng, 个 gè
铁锅 tiěguō	只 zhī, 个 gè
铁路 tiělù	段 duàn, 条 tiáo
头发 tóufa	根 gēn, 绺 liǔ, 撮 zuǒ
图纸 túzhǐ	卷 juǎn, 张 zhāng
土 tǔ	层 céng, 撮 cuō, 堆 duī, 方 fāng, 把 bǎ
土匪 tǔfěi	股 gǔ, 个 gè
兔子 tùzi	只 zhī, 个 gè
W	
袜子 wàzi	打 dá, 双 shuāng, 只 zhī
晚霞 wǎnxiá	抹 mǒ, 片 piàn, 朵 duǒ
碗 wǎn	摞 luò, 个 gè
网 wǎng	张 zhāng
往事 wǎngshì	幕 mù, 段 duàn
微笑 wēixiào	(一) 丝 sī

Chinese Measure Words without Tears

位置 wèizhì	个 gè
文件 wénjiàn	份 fèn, 件 jiàn, 批 pī, 宗 zōng, 叠 dié
文章 wénzhāng	段 duàn, 篇 piān
蚊香 wénxiāng	盘 pán, 支 zhī, 片 piàn, 根 gēn
问题 wèntí	(一)串 chuàn, (一)些 xiē, 个 gè
卧室 wòshì	间 jiān, 个 gè
武器 wǔqì	件 jiàn, 批 pī
物品 wùpǐn	类 lèi, 件 jiàn
误会 wùhuì	场 cháng, 个 gè
X	
西服 xīfú	身 shēn, 套 tào, 件 jiàn
西瓜 xīguā	瓣 bàn, 个 gè, 块 kuài, 牙 yá
希望 xīwàng	(一)丝 sī, (一)线 xiàn
习惯 xíguàn	个 gè, 种 zhǒng
媳妇 xífu	个 gè
喜剧 xǐjù	出 chū
喜悦 xǐyuè	(一)份 fèn
戏 xì	出 chū, 台 tái, 个 gè, 场 chǎng
细雨 xìyǔ	丝 sī, 场 cháng
夏令营 xiàlìngyíng	期 qī
先生 xiānsheng	位 wèi
鲜花 xiānhuā	簇 cù, 朵 duǒ, 束 shù, 枝 zhī
鲜血 xiānxuè	股 gǔ, 滴 dī, 片 piàn, 滩 tān
现象 xiànxiàng	种 zhǒng, 个 gè
县长 xiànzhǎng	任 rèn, 位 wèi
线 xiàn	轴 zhóu, 条 tiáo, 根 gēn, 股 gǔ, 团 tuán
…相 xiàng	(一)副 fù

汉语量词学习手册

相声 xiàngsheng	段 duàn
香气 xiāngqì	缕 lǚ，股 gǔ
香味儿 xiāngwèir	缕 lǚ，股 gǔ
香烟 xiāngyān	条 tiáo，支 zhī，根 gēn，盒 hé，包 bāo
香皂 xiāngzào	块 kuài
湘绣 xiāngxiù	幅 fú
箱子 xiāngzi	只 zhī，口 kǒu，个 gè
向日葵 xiàngrìkuí	棵 kē
项链 xiàngliàn	串 chuàn，条 tiáo
象棋 xiàngqí	副 fù
小说 xiǎoshuō	本 běn，部 bù，篇 piān
笑脸 xiàoliǎn	（一）副 fù，（一）张 zhāng
笑声 xiàoshēng	（一）串 chuàn，（一）阵 zhèn，（一）片 piàn